Silke Balbierz / Norbert Weiss

**Gesprächskultur
führt zum Unternehmenserfolg**

Grundlagen – Gesprächstypen · Ablauf

Silke Balbierz / Norbert Weiss

Gesprächskultur führt zum Unternehmenserfolg

Grundlagen – Gesprächstypen · Ablauf

Quelle Titelbild: PixelQuelle

© 2007 Alle Rechte vorbehalten

RKW - Verlag

Düsseldorfer Straße 40
65760 Eschborn

RKW-Nr. 1520
ISBN 3-89644-267-8

Layout: RKW, Eschborn
Druck: KlarmannDruck, Kelkheim

Inhaltsverzeichnis

1	**Grundlagen der Gesprächskultur in KMU**	**7**
1.1	Was in Besprechungen schief laufen kann	7
1.2	Warum herkömmliche Besprechungen häufig nicht funktionieren	9
1.3	Welche Anlässe für Besprechungen gibt es in Unternehmen?	12
2	**Gesprächskultur und Unternehmenserfolg**	**17**
2.1	Begriffliche Grundlagen	17
2.2	Gesprächskultur und Zeit	18
2.3	Wahrnehmung und Bewertung in Besprechungssituationen	22
3	**Gesprächskultur und Haltung der Beteiligten**	**26**
4	**Gesprächstypen in KMU und ihr Ablauf**	**30**
4.1	Die Strategie-Besprechung	31
4.2	Das Planungs-Gespräch	34
4.3	Das Zielverfolgungs-Gespräch	37
4.4	Das Abstimmungs-Gespräch	40
4.5	Das Informations-Gespräch	43
4.6	Das Zielvereinbarungs-Gespräch	47
4.7	Das Bewertungs-Gespräch	49
4.8	Die Entscheidungs-Sitzung	52
4.9	Gespräch zur Bearbeitung von Problemen und Entwicklung von Ideen	54
5	**Gesprächskultur und Unternehmenskultur**	**59**
	Anmerkungen	62
	Literaturempfehlungen	68
	Zu den Autoren	72

1 Grundlagen der Gesprächskultur in KMU

In diesem Kapitel beschäftigen wir uns mit den Fragen, was in Besprechungen schief laufen kann, warum herkömmliche Besprechungen häufig nicht funktionieren und welche Besprechungstypen es in kleinen und mittleren Unternehmen gibt.

Mit „Besprechung" meinen wir nicht Gespräche, die üblicherweise unter vier Augen stattfinden und unter dem Begriff „Mitarbeiter-Gespräche" (z.B. Kritikgespräch, Beurteilungs-Gespräch, Krankenrückkehr-Gespräch usw.) zusammengefasst werden können oder inoffizielle Treffen, sondern (mehr oder weniger) geplante Gespräche mit mehreren Personen und einem bestimmten Zweck. Je nach Gesprächs-Anlass können Besprechungen in unterschiedliche Typen eingeordnet werden.

Wir haben Führungskräfte, die unsere Seminare besucht haben, gefragt, was sie an Besprechungen stört. Verdichten wir diese Aussagen, können wir „Besprechung" eher definieren mit: „Eine Besprechung ist eine Sitzung, in die viele hineingehen und bei der manchmal wenig herauskommt." Mit dieser Definition wird die von Resignation gekennzeichnete Haltung gegenüber Besprechungen deutlich spürbar.

1.1 Was in Besprechungen schief laufen kann

Manche der genannten bzw. von uns in der Praxis bei KMU beobachteten „Erfolgs-Killer" für effiziente Besprechungen lassen sich zurückführen auf mangelhafte Planung und Organisation, andere resultieren aus dem Inhalt der Besprechung. Die wesentlichen Ursachen jedoch, warum Besprechungen häufig nicht so wie gewünscht ablaufen, haben mit dem Verhalten der Teilnehmer selbst zu tun.

Planung und Organisation

Der Raum, in dem eine Besprechung stattfindet, bildet die Basis dafür, dass Menschen überhaupt kommunikativ arbeiten können. Dennoch finden Besprechungen nicht selten in Räumen statt, die dafür nicht geeignet sind: Sie sind entweder zu groß oder zu klein, es ist zu heiß oder zu kalt, der Besprechungsraum verfügt nicht über die notwendige Medienausstattung, weil etwa das Flip-Chart oder die Pin-Wand kurzfristig in einem anderen Raum gebraucht wurden oder gar nicht vorhanden sind.

Neben dem Raum sollte auch der Zeitpunkt, zu dem eine Besprechung stattfindet, sorgfältig ausgewählt werden. Findet die Besprechung zu einem für die Teilnehmer ungünstigen Zeitpunkt statt (z.B. freitags ab 16:00), kann es passieren, dass die Teilnehmer relativ wenig beitragen, weil sie mit ihren Gedanken nicht wirklich „dabei" sind. Wurde für die Besprechung eine Stunde eingeplant, passiert es häufig, dass diese Zeit überschritten wird. Vielleicht wurde der Zeitbedarf von vornherein falsch eingeschätzt, oder die Besprechung hat - aus welchem Grund auch immer - nicht pünktlich angefangen (und kann dann logischerweise auch nicht pünktlich aufhören!), oder aber der Besprechungsleiter war nicht vorbereitet und hat daher keinen inhaltlichen und zeitlichen Überblick. Mitunter ist die Teilnehmerzusammensetzung nicht sinnvoll: Es sind nicht die „richtigen" Teilnehmer oder einfach zu viele Teilnehmer dabei.

Verhalten der Teilnehmer

Mit mangelnder Besprechungsdisziplin bzw. mangelnder Wertschätzung lassen sich einige Verhaltensweisen vieler Besprechungsteilnehmer zusammenfassen. So nehmen es Sitzungsteilnehmer beispielsweise mit der Pünktlichkeit nicht immer ganz genau. Nicht selten erleben wir folgendes Szenario: Zum veranschlagten Termin haben sich zwei Teilnehmer eingefunden, davon geht einer wieder, um noch schnell etwas Wichtiges zu erledigen, bis die anderen Kollegen eintreffen. Bis die meisten Teilnehmer anwesend sind und die Besprechung anfangen kann, sind oft fünfzehn Minuten vergangen. Schwierig für den gesamten Besprechungsverlauf wird es, wenn Teilnehmer unentschuldigt fehlen. Dass es zu unnötigen Zeitverzögerungen kommt, ist das eine, dass mitunter wichtige Informationen oder das notwendige Fachwissen fehlen und man inhaltlich nicht wie geplant fortfahren kann, das andere. Kaum eine Besprechung, in der verschiedene Teilnehmer nicht immer wieder vom Thema abschweifen oder Privat-Gespräche und Unterbrechungen (z.B. nicht abgeschaltete bzw. umgestellte Handys) unnötigerweise die Sitzungsdauer verlängern. Viele Sitzungsteilnehmer ärgern sich auch über das „Selbstdarstellungsgehabe" oder die Dominanz einzelner Kollegen, für die eher das Motto gilt: „Masse statt Klasse". Sie reden viel, aber selten fundiert und zielgerichtet. Oft sind gerade sie diejenigen Sitzungsteilnehmer, die sich nicht richtig vorbereitet haben, vergessen haben, notwendige Informationen auszuwerten oder zu beschaffen. In der Sitzung wird dann versucht, dieses „Versäumnis" mit Allgemeinplätzen zu übertünchen. Dies alles macht die Sitzung zwar länger, aber nicht unbedingt inhaltsreicher und führt in aller

Regel schlussendlich dazu, dass die Teilnehmer auf ihrer Beziehungsebene negativ „geladen" und damit belastet sind. Verständlich, wenn Besprechungen oft als Übel und unnötig angesehen werden und viele nur widerwillig daran teilnehmen.

Inhalt der Besprechung

Immer wieder finden in Unternehmen Besprechungen statt, bei denen den Teilnehmern nicht klar ist, zu welchem Zweck sie stattfinden. Soll eine Entscheidung getroffen werden, oder geht es um das Ausarbeiten von Alternativen bzw. die Entwicklung von Ideen? Soll ein bestimmtes Problem bearbeitet werden, oder geht es um die Vermittlung von Informationen? Den Teilnehmern sind die Ziele der Besprechung nicht klar, weil der Leiter sie bei der Einladung nicht eindeutig umrissen hat, die Agenda unvollständig ist oder sogar komplett fehlt, oder weil es sich um einen „pro forma" Termin handelt und es gar keine klare Zielsetzung gibt. Immer wieder werden in der großen Runde Themen besprochen, die nur einen Teil der Teilnehmer betreffen, die sich dann (berechtigterweise) fragen, was sie in der Besprechung suchen. Häufig gehen sie mit einem unguten Gefühl aus der Besprechung und ärgern sich, kostbare Zeit sinnlos vergeudet zu haben.

1.2 Warum herkömmliche Besprechungen häufig nicht funktionieren

Analysiert man, was in Besprechungen wie lange thematisiert wird, stellt man häufig fest, dass wichtige Dinge gleich viel Zeit in Anspruch nehmen wie weniger wichtige oder gar unwichtige Punkte. Zudem lässt sich sehr oft eine Vermischung von Gesprächsanlässen erkennen. Nach der Streuung von Informationen werden mitunter Probleme angerissen und ansatzweise mögliche Ursachen diskutiert oder nach Lösungen gesucht, aber schlussendlich keine konkreten Handlungen vereinbart. Handlungsalternativen werden zwar verglichen, die endgültige Entscheidung jedoch wird meistens vertagt. Höchst selten gibt es konkrete Vereinbarungen nach dem Muster: Wer macht was bis wann. In der Regel vermisst man bei Besprechungen eine „saubere" Struktur, einen eindeutigen Inhalt mit einem den Teilnehmern bekannten Ablauf: den „roten Faden". An dieser Stelle sei auch ein kritischer Hinweis zu den so genannten „jour fixe" erlaubt. Diese regelmäßigen Besprechungen mit von vorne herein festgelegten Teilnehmern sind deswegen „mit Vorsicht zu genießen", weil es sich hierbei um eine Mischform von Gesprächstypen handelt. Häufig werden dort die Informations-, Abstimmungs-, Bewertungs-, Entscheidungs- und Problemlösegesprächsform dergestalt gemischt, dass sie in ein und derselben Besprechung nacheinander – und im schlimmsten Fall gleichzeitig – ablaufen. Wir verfolgen diese Mischform in dieser Veröffentlichung deswegen nicht weiter, weil sie nach unseren Erfahrungen in der Praxisanwendung zu (großen) Problemen geführt hat und führen kann. Diese Schwierigkeiten beziehen sich zum einen auf die Wahrnehmung der betroffenen Beteiligten: „Um was genau geht es gerade?" und zum anderen auf die mangelhafte konkrete praktische Umsetzung von Maßnahmenplänen, die in einem solchen jour fixe verabredet worden sind. Zwar wird in der unternehmerischen Praxis diesem Umstand der Umsetzungs-Lethargie sehr häufig mit einer elaborierten und sehr differenzierten Protokollform begegnet, dennoch machen wir in der Alltagsanwendung immer wieder die gleiche Wahrnehmung: Es wird zu wenig von dem Verabredeten umgesetzt, was regelmäßig mit dem Hinweis begründet wird, die jour-fixe-Teilnehmer hätten zu wenig Zeit. Trifft diese Wahrnehmung auch für Ihr Unternehmen zu, ist ein regelmäßiger jour-fixe eine unzureichende, weil nicht effektive Gesprächskultur. Er kann damit nicht nur zur Demotivation von Mitarbeitern beitragen, sondern auch die Entwicklung im Unternehmen insgesamt hemmen.

Nicht zuletzt vor diesem Hintergrund hat der „Moderator" der Besprechung die Aufgabe, Vielredner „einzubremsen" und Schweigsame zu ermuntern. Als Beobachter und Steuerer der Kommunikation achtet er auch auf die Einhaltung von Kommunikationsregeln und der Zeit. Damit ist zwar das Funktionieren der Kommunikation auf der Sachebene (die Hardware) größtenteils sichergestellt. In Tabelle 1 finden Sie in Bezug auf die Sachebene neun Regeln für Besprechungen. Ein wesentlicher Punkt dafür, dass Kommunikation in ihrer Gesamtheit funktioniert, ist allerdings, dass auch die Beziehungsseite (Software) beachtet wird. Ausschlaggebend für das Gelingen der Kommunikation ist, dass der Moderator eben auch ein „Auge" auf die Befindlichkeiten und Gefühle der Teilnehmer hat und die Teilnehmer wirklich einen Sinn in der Besprechung sehen. Dieser Aufgabe des Moderators wird oft nicht Rechnung getragen, die Teilnehmer sind missgestimmt, weil sie das, was sie gerade umtreibt, nicht loswerden können und machen nach und nach - weil auf der Beziehungsebene etwas schief läuft – auf der Sachebene „zu". Mit anderen Worten heißt das, dass ohne Beachtung der emotionalen Befindlichkeiten der Besprechungsteilnehmer es kaum zu zufrieden stellenden und nachhaltig wirkenden Vereinbarungen über Maßnahmen und Handlungskonzepten kommen kann.

Tabelle 1: Zehn Regeln für Besprechungen

- Keine Besprechungen abhalten, wenn es auch ohne geht!
- Zweck der Besprechung allen Teilnehmern rechtzeitig mitteilen!
- Nur diejenigen einladen, deren Anwesenheit absolut notwendig ist!
- Pünktlich beginnen und pünktlich aufhören!
- Beim Thema bleiben!
- Zusammenfassen, was nicht einzeln behandelt werden muss!
- Gründlich vorbereiten, damit keine Zeit verschwendet wird!
- Nicht in Eile planen - die Zeit aller ist sehr kostbar!
- Besprechungen absagen, wenn sie nicht mehr nötig sind!
- Störungen der Beziehungsebene aufgreifen!

Der Ansatzpunkt, Kommunikation zu visualisieren, wird in der Regel damit begründet, dass verbal schwierig zu erklärende Sachverhalte sich visuell leichter erklären lassen (ein Bild sagt mehr als tausend Worte) und Visualisierung bei allen Beteiligten den gleichen Informationsstand erzeugt. Unseres Erachtens kann auf Visualisierung deshalb nicht verzichtet werden, weil sie es ist, die der Kommunikation ein „Gedächtnis" gibt und einen gemeinsamen „Bedeutungsspeicher" schafft. Viele wichtige Aussagen gehen in herkömmlichen Besprechungen verloren oder die Teilnehmer reden aneinander vorbei, weil deren (subjektiven) Erinnerungen, wer etwas wie gesagt bzw. gemeint hat oder was bereits vereinbart wurde, höchst unterschiedlich sind. Immer wieder entstehen daraus Schwierigkeiten, wenn man inhaltlich nochmals zurückgehen möchte. Ein wesentlicher Grund liegt sicherlich darin, dass auf Sprache basierende Kommunikation ausschließlich nichts festhalten kann, nichts Bleibendes ist, sich verflüchtigt. Hinzu kommt noch, dass Sprache an sich nichts „Eindeutiges" ist. Die Worte, die wir verwenden, sind abstrakte Begriffe, die von Mensch zu

Mensch mit anderen Inhalten und gedanklichen Vorstellungen belegt und mit individuellen Erfahrungen und Erlebnissen verbunden werden. Obwohl die Bedeutung von Visualisierung für die Ergebnisqualität in Besprechungen hinlänglich bekannt sein dürfte, wird in der Praxis häufig darauf verzichtet.

1.3 Welche Anlässe für Besprechungen gibt es in Unternehmen?

Vergleicht man die verschiedenen Besprechungen, die es in Unternehmen gibt, lassen sich zwei wesentliche Feststellungen treffen. Erstens: trotz unterschiedlicher Bezeichnungen sind einige Besprechungen von ihrem Inhalt bzw. Anlass her nahezu identisch. Diese Arten von Besprechungen finden sich in (fast) allen Unternehmen. Zweitens: jedes Unternehmen hat seine eigene Gesprächskultur als Teil der Unternehmenskultur im Sinne von: „Wie gehen wir intern miteinander um?" In ihr ist nicht nur das Verhalten rund um und in Besprechungen (z.B. Art der Einladung, das Verhalten in Besprechungen…) verankert, sondern auch ganz spezifische Gesprächsinhalte. Besprechungen in dieser Form gibt es üblicherweise nur in Unternehmen mit vergleichbaren produktions- bzw. leistungsbedingten Besonderheiten oder bestimmten organisatorischen Unzulänglichkeiten. So gibt es bei vielen Unternehmen, deren Produktionsprozesse nicht stabil sind, bzw. in Firmen, die oft mit Qualitätsproblemen zu kämpfen haben, regelmäßige (z.B. wöchentliche) Ausschuss-/Fehler- oder Qualitätsbesprechungen. Bei anderen Unternehmen gibt es solche Besprechungen nur bei Bedarf oder in Ausnahmefällen. Bei einigen Unternehmen sind die Teileverfügbarkeit oder die benötigten Werkzeugneuteile ein Anlass für regelmäßige Besprechungen, bei anderen Betrieben wiederum sind solche Gespräche kein Thema.

Will man die in Unternehmen stattfindenden Besprechungen in verschiedene Kategorien einordnen, bieten sich folgende Kriterien an: Welchem Zweck dienen die Besprechungen? Dienen sie der strategischen oder eher der operativen Unternehmensführung oder liegt ihnen ein ganz spezifischer Anlass zugrunde? Wie ist die Besprechung in der Organisation verankert? Findet sie in einem regelmäßigen Turnus statt oder sporadisch, nur bei Bedarf? Wie sieht die Teilnehmerzusammensetzung aus? Liegt ein Vorgesetzter – Mitarbeiter-Verhältnis vor, findet die Besprechung „in der Hierarchie" statt oder eher situativ, also mehr unter „Gleichen"? Wir haben uns bei unserem Ordnungsschema (siehe Bild 1) auf die oben genannten Kriterien beschränkt, weil sie für uns die Spezifika und die wesentlichen Unterscheidungsmerkmale der verschiedenen Gespräche in KMU darstellen.

Gesprächstyp	Zweck	organisatorische Verankerung	Teilnehmer-Zusammensetzung
Strategie-Besprechung	strategische Unternehmensführung	Turnus-Gespräch	hierarchisch
Planungs-Gespräch	strategische Unternehmensführung	Turnus-Gespräch	hierarchisch
Zielverfolgungs-Gespräch	strategische Unternehmensführung	Turnus-Gespräch	hierarchisch
Abstimmungs-Gespräch	operative Unternehmensführung	Turnus-Gespräch	hierarchisch
Informations-Gespräch	operative Unternehmensführung	Turnus-Gespräch	hierarchisch
Zielvereinbarungs-Gespräch	operative Unternehmensführung	Turnus-Gespräch	hierarchisch
Bewertungs-Gespräch	spezifischer Anlass	sporadisches Gespräch	situativ
Entscheidungs-Sitzung	spezifischer Anlass	sporadisches Gespräch	situativ
Probleme lösen Ideen entwickeln	spezifischer Anlass	sporadisches Gespräch	situativ

Bild 1: Anlässe für Besprechungen in Unternehmen

Besprechungen im Rahmen der strategischen Unternehmensführung

In vielen KMU haben sich mittlerweile drei Besprechungstypen etabliert, die der strategischen Unternehmensführung dienen und aufeinander aufbauen. „Strategie-Besprechungen" finden einmal pro Jahr statt, Teilnehmer sind der/die Geschäftsführer und der engere Führungskreis. Die Strategie-Besprechung hat häufig eher einen Workshop-Charakter, denn es geht darum, in 3- bzw. 5-Jahresplänen festzuhalten, wie die zukünftige Produkt-/ Leistungspalette aussehen wird, welche Kosteneinsparungs- und Produktivitätssteigerungspotenziale es gibt und wie sie umgesetzt werden können, mit welchen Kunden das Unternehmen künftig vorrangig zusammenarbeiten möchte, wie Bestände systematisch reduziert werden können und dabei die Termintreue gehalten werden kann usw. Diese Ziele werden in „Planungs-Gesprächen" von den jeweiligen Bereichsverantwortlichen und deren direkt unterstellten Mitarbeitern auf die einzelnen Bereiche herunter gebrochen und als Quartals- bzw. Monatsziele festgelegt. Planungsgespräche finden in aller Regel einmal pro Jahr statt. In wieweit die Monats- bzw. Quartalsziele erreicht werden, wird in „Zielverfolgungs-Gesprächen" überprüft. Jeder Bereich vergleicht monatlich oder zumindest einmal im Quartal die geplanten mit den erreichten Zahlen und prüft z.B., ob Umsatz, Marktanteile, Lieferservicegrad, Produktivität usw. „in der Spur" sind. Bei Abweichungen wird versucht, entsprechende Korrekturmaßnahmen einzuleiten. Zielverfolgungs-Gespräche können auf einer etwas aggregierteren Ebene zwischen Geschäftsführer und Bereichsverantwortlichen stattfinden oder etwas detaillierter zwischen Bereichsverantwortlichem und dessen MitarbeiterInnen.

Besprechungen im Rahmen der operativen Unternehmensführung

Im Rahmen der operativen Unternehmensführung gibt es in der Praxis Besprechungen, die der Abstimmung der Arbeit in einer Abteilung (z.B. Wer arbeitet heute an welcher Anlage/an welchem Auftrag? Gibt es eventuell Schwierigkeiten bei der Materialversorgung, oder Maschinenausfälle? Stehen Reparaturen oder Wartungen von Anlagen an? Gibt es Terminverschiebungen…?) und zwischen Abteilungen dienen. Diese „Abstimmungs-Gespräche" finden üblicherweise täglich, zumindest jedoch einmal pro Woche zwischen dem Abteilungsverantwortlichen und dessen Mitarbeitern statt. Zu Abstimmungs-Gesprächen zwischen den Abteilungen treffen sich die entsprechenden Abteilungsverantwortlichen. Hier liegt der inhaltliche Fokus häufig auf der Kapazitätsplanung und möglichen Terminänderungen.

Ergänzend zu den „Abstimmungs-Gesprächen" finden Besprechungen statt, die der Weitergabe von Informationen dienen. Hier informiert der Vorgesetzte seine MitarbeiterInnen z.B. über die aktuelle Auftragslage und Auslastung, Kosten- und Qualitätssituation, geplante neue Produkte, Neuigkeiten von Kunden und Lieferanten und Änderungen in den Aufgaben und Arbeitsinhalten. Je nach organisatorischen Gegebenheiten können diese „Informations-Gespräche" täglich, wöchentlich oder auch 14-tägig stattfinden.

Zielvereinbarungs-Gespräche bieten dem Vorgesetzten die Möglichkeit, zum einen den Mitarbeiter darüber zu informieren, wie er dessen Leistungen, sein Verhalten und sein Zusammenwirken mit anderen sieht. Zum anderen hat der Vorgesetzte bei diesem Gespräch die Möglichkeit, gute Leistungen des Mitarbeiters wertschätzend anzuerkennen und mit ihm dessen berufliche Weiterentwicklung zu besprechen. Aus diesem Grund gehört das Zielvereinbarungsgespräch zu den wichtigsten Führungsinstrumenten eines Unternehmens und dient damit der operativen Unternehmensführung. Zielvereinbarungs-Gespräche finden ein- bis zweimal im Jahr statt. Genau genommen liegt hier keine Besprechung im definierten Sinne vor. Da mitunter Mitarbeiter jedoch von ihrem Recht gebrauch machen und einen Betriebsrat zu diesem Gespräch hinzuziehen[1], möchten wir es doch in diesem Rahmen beleuchten.

Besprechungen für spezifische Anlässe

Unter spezifischen Anlässen verstehen wir konkrete Aufgaben, die qua Kommunikation von (in der Regel interdisziplinären) Gruppen zu meistern sind. Hierzu zählen etwa das Erarbeiten von Ideen für neue Produkte oder (Dienst-)Leistungen oder das Bewerten von Ideen und Handlungsalternativen[2]. Steht das Analysieren von Problemen (z.B. Probleme bei Neuteilen, oder mit Neukunden, Reklamationsgespräche bei Fehllieferungen, Qualitätsprobleme in der Fertigung, Fehler in der Administration, …) und Erarbeiten sinnvoller Problemlösungen im Vordergrund, werden üblicherweise Projekte[3], Prozess[4]- und Problemlöseworkshops oder KVP-Zirkel[5] einberufen. „Entscheidungs-Sitzungen" werden in Unternehmen dann einberufen, wenn verschiedene (Handlungs-)Alternativen existieren und eine Entscheidung zu treffen ist (z.B. Kauf von Anlagen oder Immobilien, Eigen- oder Fremdfertigung, Verlagerung von Teilen der Produktion, Vergleich verschiedener Finanzierungsformen usw.).

In welchen Schritten die Gespräche in der Praxis sinnvollerweise ablaufen und worauf geachtet werden muss, beschreiben wir in Kapitel 4.

2 Gesprächskultur und Unternehmenserfolg

2.1 Begriffliche Grundlagen

Auffallend ist bei einem ersten Zugang über die Wortbedeutungen, dass sich zu „Gespräch" keine Wortbedeutung finden lässt. Vor diesem Hintergrund verwenden wir „Gespräch" mit „Kommunikation" sowie „Gesprächskultur" mit „Kommunikationskultur" gleich. „Kommunikation" geht auf lateinisch „communicare" zurück und hat dort die ursprüngliche Bedeutung von „mitteilen, teilen und gemeinschaftlich machen". Angewandt auf die heutige Unternehmenswelt ist damit in unserem (Sprach-)Verständnis gemeint, „gemeinsam im Unternehmen über sprachlichen Austausch einen gemeinsamen Sinn zu finden".[1] Kommunikation in Form von Sprache[2] ist auch in den KMU in den letzten Jahrzehnten immer wichtiger geworden, weil einerseits die Prozesse in Unternehmen immer spezialisierter geworden sind und andererseits die Komplexität in Fertigungs- und Dienstleistungsprozessen zum „Problem der Probleme" geworden sind. Somit ist es unumgänglich geworden, die Spezialisten zusammenzuführen und gleichzeitig die Komplexität auf ein bearbeitbares und beherrschbares Maß zu reduzieren. Beides geht erfahrungsgemäß nur über eine unternehmensspezifische Gesprächskultur und einen gemeinsinnorientierten Kommunikationsprozess.[3] Zwischen „High tech" und „High touch" sind technikintensive mit interaktionsorientierten Interventionen in einem Unternehmen sinnvoll zu verbinden. Der steigende Effizienzdruck erzwingt - gewissermaßen paradoxerweise - einen erhöhten Kommunikationsaufwand in Organisationen. Die MitarbeiterInnen verfügen sehr oft über sehr viel praktische Erfahrung und Routine im Bewältigen der alltäglichen Organisations- und Produktionsaufgaben. Gleichzeitig wird sehr viel an Reibungsverlusten auch in Besprechungen durch wenig funktional sinnvolle Arbeitsabläufe oder unklaren Regelungen von den betroffenen Beteiligten erlebt. Diese Defizite müssen nun mittels informeller Informationsleistungen der Betroffenen und durch eine angemessene Gesprächskultur ausgeglichen werden. Einen Schritt weiter kommen wir, wenn wir uns über „Kultur" dem Sachverhalt nähern. „Kultur" ist dem lateinischen „cultura" im Sinne von „pflegen und bauen" entlehnt. Der Begriff wurde im 17. Jahrhundert aus der Landwirtschaft übertragen auf „Erziehung zum geselligen und ehrbaren Leben"[4]. Bezogen auf die moderne Unternehmenswelt weist das auf die Aufgabe von Besprechungen hin: Was verstehen wir im Unternehmen unter gutem und richtigem Verhalten?

bzw. Wie wollen wir miteinander so umgehen, dass einerseits alle Beteiligten zufrieden sein können und wir andererseits nachhaltig erfolgreich sind? Dazu passt die Begrifflichkeit der „Unternehmenskultur", worunter wir im Folgenden die „Gesamtheit aller Normen, Werte und Grundeinstellungen" eines Unternehmens verstehen wollen. Die Kultur wird geprägt durch die Unternehmensgeschichte und Verhaltensformen im täglichen Umgang miteinander. Die Kultur drückt sich u. a. in den Führungsgrundsätzen, in Ritualen und in der Gesprächskultur aus.[5]

2.2 Gesprächskultur und Zeit

Die Gesprächskultur hat nach unserem Verständnis auch etwas damit zu tun, was die betroffenen Beteiligten unter „Zeit" verstehen und wie sie im täglichen Umgang untereinander mit Zeit umgehen. Deshalb ist es notwendig und sinnvoll, „die Zeit" näher zu beleuchten und den Zusammenhang mit Gesprächskultur neu zu interpretieren. Zunächst einmal macht eine Unterscheidung in „objektive Zeit" und „subjektives Zeiterleben" Sinn und trifft die Befindlichkeiten der an den diversen Besprechungen im Unternehmen beteiligten Mitarbeiter. Das Zeiterleben ist zutiefst subjektiv, denn wir Menschen haben ein Bewusstsein von Zeit. Zeit wiederum ist Vorstellung, mithin ein Konstrukt des menschlichen Gehirns.[6] Vor diesem Hintergrund ist dann Zeit-Erkenntnis immer auch Selbst-Erkenntnis und Arbeit an der Zeit ist immer auch Arbeit an sich selbst. Zeit muss man leben.[7] „Jeder Mensch hat eine eigene Zeitperspektive, in der die Zeitperspektiven der anderen Menschen enthalten sind. Wir können ihre Erwartungen und möglichen Reaktionen bei unserem Verhalten berücksichtigen. Um unser Verhalten mit anderen Menschen zu koordinieren, müssen wir uns verständigen – durch Kommunikation."[8] Diese Koordination oder besser Synchronisation ist eine soziale Funktion in Unternehmen und Organisationen. In Besprechungen werden Ereignisse und das Handeln im Verhältnis der Menschen zueinander über die Zeit koordiniert. Besprechungen stellen soziale Zeit in Unternehmen dar, und das ist untrennbar verbunden mit dem, was passiert.[9] Für einen bewussten Umgang mit Zeit in Besprechungen d.h. durch Kommunikation statt Anordnung brauchen wir Zeit zum Nachdenken. Zeit zum Nachdenken ermöglicht dann auch die Herstellung eines gemeinsamen Bedeutungsspeichers von den Begriffen und Sachverhalten, um eine gemeinsinnorientierte Grundlage dafür zu haben, was den Beteiligten erst sinnvolle und nachhaltige Entscheidungen ermöglicht.[10]

Zeitprobleme – auch diejenigen, die im Zusammenhang mit Besprechungen stehen – lösen die Beteiligten nicht mittels eines noch optimaleren Zeitmanagements, sondern durch eine geänderte Einstellung oder Haltung, mithin durch eine andere Zeitkultur. Das Zeitmanagement ignoriert respektive „optimiert" daran vorbei, dass jedes Individuum die meiste Zeit mit anderen Menschen verbringt, die jeweils nicht verändert werden können. Dabei ist die „Zeit-Qualität"(„Kairos") - im Sinne von Beziehungsqualität - also der richtige Zeitpunkt für Besprechungen, genauso zu beachten wie die „Zeit-Messung"(„Chronos") oder „Zeit-Taktung".[11] Viele wichtigen Dinge in Unternehmen, die zu dem Erreichen der Unternehmensziele beitragen und mithin den Mitarbeitern und Führungskräften einen Sinn verleihen, wirken nicht direkt auf die Betroffenen ein und bedrängen sie nicht. Da sie nicht wahrnehmbar „dringend" sind, müssen die Beteiligten auf sie einwirken. Das gilt auch für Gespräche und Besprechungen. Der Unterschied zwischen Dringlichkeit und Wichtigkeit, der einen wirklichen Unterschied macht, lässt sich anschaulich mit Hilfe des bekannten Eisenhower-Schemas darstellen. Quadrant I in der Tabelle 2 zeigt die Dinge im Rahmen des Zeitmanagements, die dringend und wichtig gleichzeitig sind. Dies ist der Bereich der Not-Wendigkeiten, die unbedingt sofort erledigt werden müssen. Quadrant II enthält die Tätigkeiten vor allem von Führungskräften, die wichtig, aber nicht vordringlich sind. Dies ist der Bereich der Qualität und der Alleinstellungsmerkmale. Quadrant III enthält die Dinge, die dringend sind, aber nicht wichtig. Dies ist der Bereich der Täuschung. Im Quadrant IV finden sich diejenigen Tätigkeiten, die weder wichtig noch dringend sind, mithin also der Bereich der Verschwendung.

Tabelle 2: Eisenhower-Schema

EISENHOWER-SCHEMA	Dringend	Nicht dringend
Wichtig	I. Not-Wendigkeit • Krisen in Teams und in Prozessen • Drängende Probleme • Projekte • Besprechungen • Zeitlich begrenzte Vorbereitungen	II. Qualität • Vorbereitung • Vorbeugung • Arbeit an den Unternehmenswerten • Strategische Planung • Beziehungspflege zwischen den Hierarchieebenen • Sinnvolle Pausen für Erholung • Förderung der Selbstverantwortung auf allen Ebenen
Nicht wichtig	III. Täuschung • Unterbrechungen z.B. durch Anrufe • Einiges aus der Post und einige Berichte • Einige Besprechungen und Gespräche • Viele anstehende und drängend gemachte Angelegenheiten • Viele Tätigkeiten aus lieb gewonnenen Gewohnheiten	IV. Verschwendung • Geschäftigkeit um ihrer selbst willen • Delegierbares, das aber „schnell" selbst gemacht wird • Einige Anrufe • Beschäftigung mit Trivialem • Ausweich- und Fluchtaktivitäten

Quelle: *Covey/Merrill/Merrill* (2005), S. 34; ergänzt von den Verfassern.

Untersuchungen von Stephen Covey zeigen folgende Verteilung der Zeit- und Energieverteilung in den Quadranten: I: 25-30%; II: 15%; III: 50-60%; IV: 2-3%. Vergleicht man diese Unternehmen mit dieser Zeitverteilung mit sehr erfolgreichen Unternehmen, die folgende Zeitverteilung auf die Quadranten aufweisen: I: 20-25%; II: 65-80%; III: 15%; IV: weniger als 1%; dann wird die Energie- und Zeitverschwendung der ersteren sehr schnell deutlich.

Hilfreich sind vor dem im obigen Abschnitt Dargestellten, deutlich erkennbare Anfänge und eindeutige Abschlüsse von Besprechungen, also mithin Rituale, die die Gesprächskultur in KMU strukturieren. Nur wenn eine Besprechung „sauber" abgeschlossen wird, können die jeweils Beteiligten etwas Neues beginnen: Auch dies ist eine Frage der inneren Haltung. Geht es um die Zeit-Qualität für Besprechungen in KMU, dann ist – nicht zuletzt auch nach den Erkenntnissen der „Chronobiologie" - der frühe Nachmittag der optimale Zeitpunkt für Gespräche und Konferenzen. Die chronische Knappheit der Zeit-Ressource bietet auch Chancen für die Gesprächskultur in Organisationen: Sie kann zum Anlass genommen werden, darüber nachzudenken und aufmerksam darauf zu werden, was wesentlich für das Unternehmen ist und sinnvoll wirkt. Rahmen- und Umfeldbedingungen von Stress sowie Angst und abgehobene Ziele hindern die Betroffenen nicht selten daran, mit dem Wichtigsten anzufangen. Sehr häufig ist vor allem in KMU zu beobachten, dass das Angestrebte auf die lange Bank der Vorsätze geschoben wird. Leitbilder und Leitideen werden nicht gelebt und finden häufig nicht den Weg zu einer schrittweisen Realisierung in den Alltagsroutinen. Erfahrungsgemäß kann dann statt wohl formulierter theoretischer Konzepte und elaborierter Instrumentenkoffern die pragmatische Einsicht helfen, die sich zusammenfassend folgendermaßen beschreiben lässt: „Think big – start small – begin now". Die Investition des Unternehmens in eine glaubwürdige und sinnvolle Gesprächskultur wird sich in der Qualität der Entscheidungen spiegeln. Eine besondere Bedeutung kommt dabei der Gestaltung und Reflexion der Entscheidungsprozesse zu. Es gilt vor diesem Hintergrund Konzentration und (Selbst)Beschränkung einzuüben zugunsten dessen, was den betroffenen Beteiligten – zur jeweiligen Zeit – als wesentlich erscheint.[12] Innehalten ist leider in diesem Zusammenhang nicht nur eine Form der vergnüglichen Stresslosigkeit, denn sie konfrontiert die Betroffenen mit dem, was sie (zusammen) sind. Eine solche Konfrontation ist zwar der Realität angemessen, aber nicht immer nur angenehm. Geschäftsführer und Führungskräfte nehmen sich – fixiert auf die so genannten „Sachzwänge" - leider oft nicht ausreichend Zeit, „reife" Entscheidungen zu treffen und „vertun" deshalb häufig ihre Zeit mit dem selbst verursachten Krisenmanagement. Es gibt nach unserer Erfahrung tatsächlich Zeiten, die sich per se nicht für Entscheidungen eignen. Hier ist Zurückhaltung und Selbstdisziplin die richtige Haltung, um anschließend auf die qualitativ „bessere Zeiten" zu hoffen, in denen in Bezug auf die Entscheidungsfindung mehr Klarheit und Zutrauen herrscht. „Alles hat seine Zeit" (Kohelet) – auch die Entscheidung hat ihre Zeit. Wie lässt sich nun die Aufmerksamkeit für den richtigen Zeitpunkt gewinnen? Es bedarf einer ruhigen Wachheit und Geistes-Gegenwärtigkeit, die es schlicht zu üben gilt. Sofort drängt sich bei vielen Entscheidern und Verantwortlichen die Frage auf: Können wir uns das leisten? In einer Zeit, in der wir immer mehr dahin gedrängt werden, zu beschleunigen und mehrere Dinge gleichzeitig zu tun, gehört schon eine große Portion Mut dazu, dem Beschleunigungs- und Gleichzeitigkeitsdruck entgegenzusteuern und dies geht einher mit einer achtsamen (Eigen)Wahrnehmung.

2.3 Wahrnehmung und Bewertung in Besprechungssituationen

„Wir nehmen nicht erst wahr und deuten dann. Vielmehr ist unsere Wahrnehmung ein deutender, konstruktiver Akt, ein aktiver Prozess, der den Strom von auf uns zukommenden sinnlichen Eindrücken miteinander verschmelzen lässt; dabei wird aus dem Strom bereits ausgewählt, er wird eingedämmt, kanalisiert und in die Welt, die wir kennen, eingebettet – eine Welt, die sich gewissermaßen von der „Welt, wie sie in einem physikalischen Sinne ist", unterscheidet. Die beiden Akte des Empfangens und Klärens, des „Sehens" und „Deutens" treten zusammen im gleichen Wahrnehmungsakt und im gleichen Augenblick auf."[13] In Besprechungen neigen die Beteiligten dazu, Kritik zu hören, wenn Beobachtungen mit Bewertung verknüpft werden, was sehr häufig vorkommt. So machen uns Menschen auch nach einer Einsicht von Epiktet nicht die Tatsachen Schwierigkeiten, sondern die jeweiligen Bewertungen der Tatsachen.[14]

Der Erfolgsschlüssel zu einem bedürfnisgerechten Umgang mit der (knappen) Zeit in Besprechungen in KMU heißt viel eher Sensibilisierung als Rationalisierung. Streng genommen gibt es keine wirklichen „Fakten", „Daten", „Strukturen" oder „Gesetzmäßigkeiten" an sich, es gibt nur Zusammengetragenes. Genau dieses Zusammentragen von „Zahlen, Daten,

Fakten" und die gemeinsame Deutung respektive gemeinschaftliche Interpretation des Zusammengetragenen ist die übergeordnete Aufgabe von Besprechungen in Organisationen – sonst nichts.[15] Unternehmen bestehen nach Ansicht der Systemtheoretiker aus nichts anderem als aus Kommunikation.[16] Auch die Kommunikationsprozesse unterliegen in Unternehmen einem immanenten Beschleunigungs- und Selbstverstärkungsdruck. Dabei ist zu beachten, dass die Entwicklung von Individuen, Teams und Organisationen ihre Eigenzeiten hat, die es wahrzunehmen und zu würdigen gilt. Nur mit Hilfe von Langsamkeit und Besinnung entwickelt sich eine Gesprächskultur über die Vielfältigkeit von Wahrnehmung, so dass sich Gründlichkeit, Gerechtigkeit und Verantwortungsbewusstsein ausbilden können. Langsamkeit ist mithin so produktiv und fördert eine unverzichtbare Reflexionskultur[17] als Bestandteil der Gesprächskultur in KMU. Selbst unerfreuliche „Zwischenzeiten" und Wartezeiten besitzen eine erfreuliche Rückseite: Der Prozess des Geschehens – gerade in intensiven Kommunikationsprozessen – wird angehalten, unterbrochen, durchlässiger für Neues und Anderes, es entstehen sinnvolle Leer-Stellen sowie vereinbarte Zeiträume für die notwendige Orientierungsarbeit: zum Nachdenken und Vorausdenken, zum Abschalten und Verarbeiten. Sinnvolle Pausen schaffen so integriert in eine adäquate Gesprächskultur eine notwendige Ordnung. Ohne Pausen gäbe es gerade auch in Unternehmen keine Wiederholung respektive effiziente Routinen und erst nach einer solchen Pause kann wieder etwas Sinnvolles und Neues beginnen. Insofern gewinnt die Bewertung von an sich ineffizienten Pausen eine neue sinnvolle Dimension.

In den Gesprächen und Besprechungen gibt es ohne die Wahrnehmung der vielen Möglichkeiten durch die Anwesenden keine Information. Die Teilnehmer können aus den vielen Möglichkeiten keine Möglichkeit auswählen, weil sie keinen Unterschied wahrnehmen können. Aus diesem Grund sprechen wir mit Gregory Bateson von der Information als einem Unterschied (im Raum der vielen Möglichkeiten) der für den Informationsempfänger im Raum der Möglichkeiten einen Unterschied macht.[18] Weil die Teilnehmer keinen Unterschied erkennen (können), werden viele Besprechungen als unterschiedliche „Gemengelage" erlebt. Kommunikation führt nach Fritz B. Simon zu der entscheidenden Frage, ob die kommunikativ mitgeteilte und vom Empfänger verstandene Information von diesem angenommen oder abgelehnt wird.[19] Doch selbst wenn die Information abgelehnt werden sollte, bleibt die gegenseitige Abhängigkeit der Menschen in jeder Gemeinschaft und damit gerade auch in Unternehmen so groß, dass „kaum eine menschliche Handlung völlig auf sich beruht oder ohne Beziehung zu den Handlungen anderer ausgeführt wird, die erforderlich sind, damit die Handlung in allem der Absicht des Handelnden entspricht."[20] Die Menschen definieren sich gerade in Unternehmen fast ausschließlich über Beziehungen und deswegen suchen sie wieder nach Übereinstimmungen mit den anderen Beteiligten. Das ist gewissermaßen eine anthropologische Grundkonstante menschlichen Lebens und Handelns. Für das emotionale Gehirn eines Menschen ist nichts so schwer zu verdauen, als dass wir mit Menschen, die uns wichtig sind, nicht übereinstimmen oder einen (unüberbrückbar scheinenden) Konflikt zu haben.[21] In einem übertragenen Sinne sind „die Anderen" nicht einfach nur etwas Äußeres für den jeweils einzelnen Menschen, sondern sie tragen maßgeblich dazu bei, das jeweils individuelle Selbst zu konstituieren. Unsere individuelle Identität wird im Dialog mit anderen Menschen gebildet, d.h. in der Übereinstimmung oder Auseinandersetzung mit der Anerkennung und Wertschätzung der eigenen Person. Demzufolge ist nicht nur der Dialog das allgemeine Merkmal menschlicher Beziehungen, sondern die jeweils individuelle Identität hängt entscheidend von der dialogischen Beziehungsqualität zu anderen ab.[22]

In Besprechungen bilden häufig nicht die Antworten, sondern die Fragen die Hauptschwierigkeit, denn wenn die Frage in besonders klarer Form gestellt wird, erscheint gewissermaßen die Antwort bereits in der Frage. Laufen Besprechungen in der Wahrnehmung der Beteiligten unzufrieden stellend, lohnt es sich sehr oft, nicht die Antworten einer wertschätzenden Kritik zu unterziehen, sondern die Art und Weise respektive die Formulierung der Fragen.[23] Zusammen mit den klar formulierten Fragen ist es wichtig zuzuhören, denn aufeinander zu hören bedeutet, Entdeckungen zu machen. Der Zuhörende nimmt etwas an und kann es für eigene Überlegungen nutzen. Insofern hinterlässt ein gutes Gespräch immer einen deutlichen Mehrwert. Es entsteht etwas für alle betroffenen Beteiligten Neues, etwas, das jeder für sich alleine nicht zustande gebracht hätte. Dies zeigt, dass Kommunikation auch eine stumme Seite beinhaltet. Nicht immer muss alles und jedes thematisiert werden. Gespräche werden tiefer, wenn sie mit wertschätzender Wahrnehmung, Hören und Fühlen einhergehen. Darüber hinaus ist es in Besprechungen wichtig, Beiträge von Zeit zu Zeit zusammenzufassen, ehe das Gespräch zerfasert. Das Gesagte immer wieder zusammenzufassen, macht Sitzungen wesentlich effektiver und bildet mit den Dialogregeln: „Bringe Dich dann ein, wenn du wirklich etwas zu sagen hast!"; „Achte darauf, was genau der andere Beteiligte sagen will!"; „Sei bei allem was du sagst und tust ehrlich mit dir und anderen!" eine sinnvolle Haltung und Struktur für eine wertschätzende Gesprächskultur in KMU.[24] Auch und gerade in Besprechungen gilt es, von Seiten der Leitung Werte vorzuleben, um damit den anderen Beteiligten Orientierung zu geben.[25] Wichtig ist in diesem Zusammenhang auch die Haltung bei persönlichen Rückmeldungen, die man sich mit Anselm Bilgri „wie einen Geschenkkorb vorstellen kann, in den ich hineinlege, was mir beim anderen aufgefallen ist. Ich stelle meine Wahrnehmungen zur Verfügung, und der andere kann sich das herausnehmen, womit er etwas anfangen und was er für sein persönliches Wachstum brauchen kann. Wer ein faules Ei dazulegt, um dem anderen eins auszuwischen, der dient nicht, sondern handelt schlicht aggressiv."[26] Nimmt ein Gesprächsteilnehmer nicht an einer von einem anderen gestellten Frage Anteil, so drückt sich darin Verachtung aus.[27]

3 Gesprächskultur und Haltung der Beteiligten

Die Grundvoraussetzung für den erfolgreichen Aufbau einer Gesprächskultur in KMU oder das „am Leben halten" derselben hängt nach unserer Erfahrung sehr maßgeblich davon ab, mit welcher inneren Haltung die Mitarbeiter und leitende Führungskräfte in solche Gespräche und Besprechungen gehen und dort interagieren und kommunizieren. Mitarbeiter haben ein sehr feines Gespür dafür, ob Führungskräfte und Geschäftsführer aus einer inneren Überzeugung und Haltung heraus das Gespräch mit ihnen suchen, oder ob es sich um eine reine „lästige Pflicht" handelt, bei der so getan wird, als wäre die Meinung der Mitarbeiter wichtig, obwohl sie in der Wahrnehmung derselben nicht in die Entscheidungsfindung mit einfließt. Gehen Führungskräfte und Entscheider mit einer dialogorientierten offenen Haltung in die jeweiligen Gespräche mit den Mitarbeitern und zeigen sie ein echtes Interesse an den Wahrnehmungen und Erfahrungen der Mitarbeiter, dann ist es „nur noch" eine Frage der richtigen Vorgehensweise und „sauberen" Trennung der verschiedenen Gesprächstypen, wie wir sie beispielhaft im nächsten Kapitel beschreiben. Wichtig ist auch der Hinweis, dass alle Mitarbeiter in einem Unternehmen erst einmal sich lernend auf diese Gespräche einlassen können und wollen und dass man sich von Rückschlägen etwa nach der Art „dieses Gespräch war die reinste Zeitverschwendung" usw. nicht entmutigen lässt, sondern diese Wahrnehmung zum Anlass nimmt, kritisch (selbst) zu reflektieren, um daraus für sich und die Organisation lernen zu können. Daraus wird sich dann – nach und nach – eine lernorientierte Unternehmenskultur entwickeln. Dies wird aber nur geschehen, wenn die innere Bereitschaft dazu da ist, man es gewissermaßen wirklich will – und darauf kommt es genau an. In unseren immer komplexer werdenden Unternehmensstrukturen sind Gespräche einerseits nicht nur eine lästige Übung, sondern zwingend notwendig, um die Komplexität auf ein bearbeitbares Maß zu reduzieren. Andererseits bilden wir uns lernend im Hinblick auf unsere jeweilige individuelle Identität weiter und damit auch die Unternehmenskultur. Dies ist nach unserer Erfahrung der wichtigste Sinn, den Unternehmen ihren Mitarbeitern bieten können, indem sie Sozialisation und persönliches Lernen ermöglichen, gewissermaßen als Hauptaspekt neben dem Aspekt des Geldverdienens zum Lebensunterhalt. Der Aspekt des Geldverdienens darf kein reiner Selbstzweck sein, denn dies hätte mittel- und langfristig entwicklungshemmende Wirkung in Bezug auf die Unternehmenskultur und Organisationsentwicklung. Selbst der am besten vernetzte und informierte Entscheider und selbstverständlich auch die Geschäftsführer in einem Unternehmen können nicht alle entscheidungsrelevanten Daten zusammentragen und Zukunftssituationen angemessen abschätzen - auch wenn sie das gelegentlich für sich in Anspruch nehmen – ohne Besprechungen und Rücksprache mit Kollegen und/oder Mitarbeitern. Insofern ist es nicht eine Frage, ob in KMU Gespräche und Besprechungen durchgeführt werden, sondern nur „welche" und „wie". Paradoxerweise ist der Aufbau einer Gesprächskultur ganz besonders dann im wahrsten Sinne des Wortes „von Nöten", wenn die leitenden Führungskräfte kundtun, dass sie ob des Anspannungsgrades in der Produktion oder des Dienstleistungsprozesses „eigentlich" keine Zeit für Besprechungen übrig haben. Gerade dann muss man sich die Zeit nehmen, um über die Arbeit und deren Verrichtung nachzudenken. Das bedeutet kurzfristig mehr Zeitaufwand mit der berechtigten Hoffnung, dass es danach besser laufen wird. Nimmt man sich in einer solchen Situation die „Mehr-Zeit" im Sinne einer Investition nicht, dann zeigt die Erfahrung von vielen KMU, dass diese Überlastungssituation ein chronischer Dauerzustand wird. Auch dies hängt dann wieder mit der Haltung der leitenden Führungskräfte zusammen: Besprechungen sind „Zeitfresser", lösen keine Probleme, sondern schaffen zusätzliche, und es soll ja schließlich gearbeitet und nicht geredet werden. Diese erfahrungsbasierte Haltung können sich heute selbst kleine und Kleinstbetriebe nicht mehr leisten, es sei denn, sie können ganz auf Mitarbeiter verzichten, und der Chef macht alles selbst.

Vor diesem Hintergrund finden in jedem Unternehmen Gespräche und Besprechungen statt, aber nach unserer Erfahrung sehr häufig wenig effizient und effektiv im Sinne von zielführend. Vielleicht ist dies ja gerade der Grund, warum Sie dieses Büchlein in die Hand genommen haben. Mit den in Kapitel 4 beschriebenen Gesprächstypen können Sie geistig einen Abgleich und eine erste Analyse starten, was Sie in ihrem Unternehmen verbessern können. Häufig liegt die mangelnde Gesprächseffizienz in den Unternehmen nicht daran, dass die betroffenen Beteiligten nicht wollen, als vielmehr, dass sie nicht (methodisch) können und müde geworden sind, immer wieder die gleichen negativen Erfahrungen zu machen. Um diese negativen Vor-Erfahrungen gewissermaßen positiv zu überspielen, ist eine Kultur des Lernens und gemeinsamen Vertrauensaufbaus unbedingt notwendig. Praktisch jedes Gespräch muss für jeden Beteiligten in dessen individueller Wahrnehmung – das gilt auch ganz besonders für die leitenden Führungskräfte – einen individuellen Mehrwert haben: „Was habe ich jetzt davon gehabt, dass ich meine Zeit in eine Besprechung investiert habe, wo ich doch eine Menge anderer Dinge in dieser Zeit zu tun gehabt hätte?" Generell ist es nach unserer Erfahrung sinnvoll und notwendig, genau diesen Mehrwert am Ende einer jeden Gesprächsrunde im Unternehmen durch eine kurze Zusammenfassung des Moderators oder des Verantwortlichen sicherzustellen. Wichtig ist dabei nicht nur die Selbstwahrnehmung des Moderators oder des Verantwortlichen, sondern dies muss auch für die Wahrnehmung der betroffenen Beteiligten sichergestellt werden. Nur mit einer solchen positiv verstärkenden „Lernschleife" baut sich im Laufe der Zeit eine Gesprächskultur auf, die von allen Mitarbeitern gerne mitgetragen wird. Auch hier drückt sich wieder die Haltung der leitenden Führungskräfte aus: Sind mir persönliche Rückmeldungen von Mitarbeitern wichtig, frage ich danach, wie ich (wertschätzend) mit den Aussagen der Mitarbeiter umgehe und welche für die Betroffenen nachvollziehbaren Konsequenzen das dann gegebenenfalls hat. Unternehmenskultur entsteht ausschließlich über das Tun und über das Vorleben und nicht indem aufwendige Broschüren hergestellt, gedruckt und verteilt werden. Die Mitarbeiter haben ein sehr feines Gespür dafür, wer es wertschätzend aufrichtig mit ihnen meint, und zwar egal wie weit oben oder unten derjenige in der Hierarchie „sitzt". Wenn leitende Führungskräfte die Mitarbeitermotivation und die Kreativität für das Unternehmen gewissermaßen als „Schatz" heben wollen, dann kommen sie nicht um den Aufbau einer sinnvollen und in sich abgestimmten Gesprächskultur vorbei, dazu müssen sie die Mitarbeiter wertschätzen und aufrichtig ernst nehmen – sonst geht das nicht. Alle „Heilsversprechen" von „Motivationsgurus", die auf etwas anderes als Wertschätzung setzen, haben in der Praxis – abgesehen von ein paar kurzfristigen Scheinerfolgen – erfahrungsgemäß keinerlei Erfolgschancen.

Es gilt auch und gerade für KMU die Balance zu schaffen und zu halten zwischen dem, was die Unternehmensleitung den Mitarbeitern in Bezug auf härter werdende Märkte und Rahmenbedingungen unter Umständen für das gleiche Gehalt abverlangen (muß), und dem, was die Geschäftsführung und die leitenden Führungskräfte an Wertschätzung, Ermöglichung von individuellen Entwicklungsschritten und aufrichtig gemeintem Einbezug in abgestufte Entscheidungsprozesse im Unternehmen für die Mitarbeiter tun. Die Unternehmensleitung, die sich auf den – am Anfang – mühevollen Weg macht, wird rasch reichlich durch motivierte und leistungsbereite Mitarbeiter belohnt. Die Mitarbeiter sind dann nicht etwa nur (negativ) motiviert, weil die Arbeitsmöglichkeiten am Markt sich verschlechtert haben, sondern sie sind positiv motiviert, weil sie einen Sinn in ihrer Arbeit sehen, diese im Rahmen ihrer Möglichkeiten mitgestalten und sich persönlich weiterentwickeln können. Vor diesem Hintergrund macht eine gemeinsinnorientierte Gesprächskultur den Mehrwert in einem Unternehmen aus, und das wird sich erfahrungsgemäß mittelfristig und dann aber auch nachhaltig positiv auf die Erfolgskennzahlen auswirken.

4 Gesprächstypen in KMU und ihr Ablauf

Jeder in Kapitel 1 beschriebene Gesprächstyp lässt sich anhand von fünf Merkmalen charakterisieren (siehe Bild 2). Mit „Dramaturgie meinen wir die Vorgehensweise oder den „roten Faden" innerhalb eines Gesprächs: die einzelnen Schritte bzw. Phasen in ihrer Abfolge. In Bezug auf Gesprächführung unterscheiden wir Dramaturgie mittels dreier Freiheitsgrade. Die Gruppe bzw. der Moderator muss sich streng an die Dramaturgie halten, es sind kleinere Abweichungen erlaubt oder die Vorgehensweise ist relativ offen. Als „Moderation" bezeichnen wir das Beobachten und Steuern von Kommunikation durch eine bestimmte Person (Moderator). Je nach Gesprächssituation greift der Moderator stark lenkend, schwach lenkend oder gar nicht in die Kommunikation ein. Beim Baustein „Visualisierung" unterscheiden wir zwischen der Dokumentation von Ergebnissen (Ergebnis-Visualisierung z.B. Darstellung des monatlichen Ist- und Soll-Umsatzes) oder der visuellen Darstellung des Kommunikationsprozesses (Prozess-Visualisierung z.B. Definition des Problems, Auflistung aller Ursachen, Bewertung der Ursachen, Dokumentation der Maßnahmen).

Neben den bereits aus Kapitel 1 bekannten Merkmalen sind „Gruppe" und „Kommunikationsstruktur" zwei weitere Bausteine zur Charakterisierung der Gesprächstypen. Hinsichtlich der Mitgliederanzahl unterscheiden wir „Gruppe" in „kleine" Gruppe (maximal 7 Personen), „mittlere" Gruppe (maximal 12 Personen) und „große" Gruppe (alle MitarbeiterInnen eines Teams bzw. einer Abteilung). Was die „Kommunikationsstruktur" in Gruppen betrifft, trennen wir in dialogorientierte (alle Teilnehmer sind aktiviert und an der Kommunikation gleichberechtigt) und informationsorientierte (klare Trennung zwischen aktivem Sender und eher passiven Empfängern) Strukturen. In der Folge wird jeder Gesprächstyp kurz beschrieben und bezüglich der genannten Unterscheidungsmerkmale beleuchtet.

Besprechungen im Rahmen der strategischen Unternehmensführung behandeln wir in den Punkten 4.1 bis 4.3, die der operativen Unternehmensführung unter Punkt 4.4 bis 4.6. Die Gliederungspunkte 4.7 bis 4.9 beziehen sich auf Besprechungen für spezifische Anlässe.

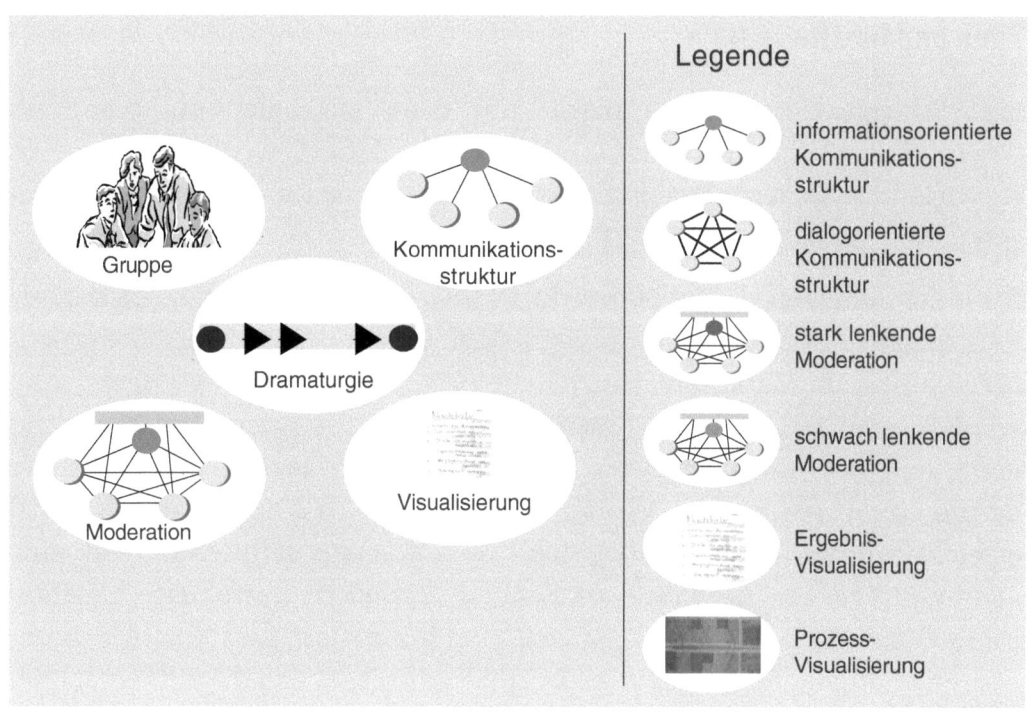

Bild 2: Die 5 Bausteine einer Besprechung

4.1 Die Strategie-Besprechung

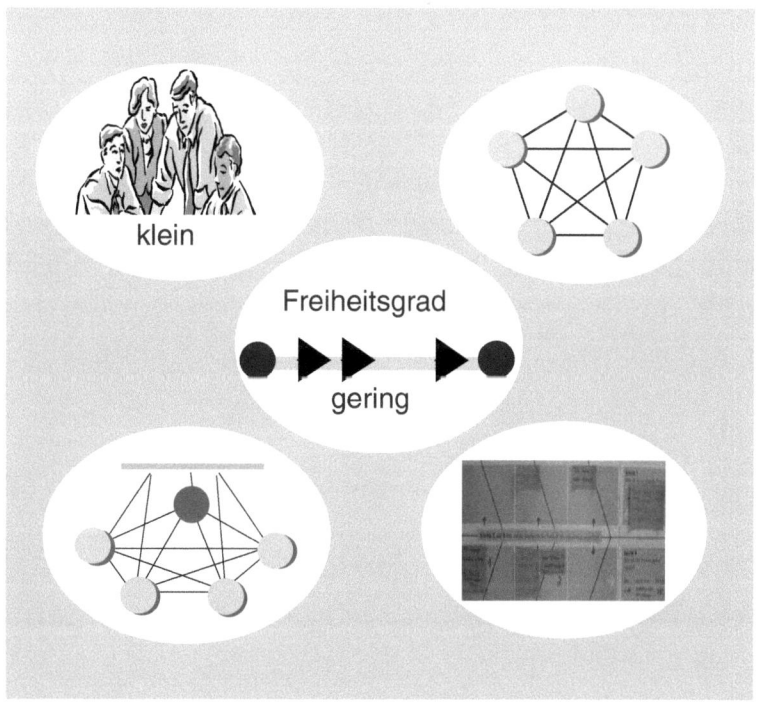

Bild 3: Symbol: Strategie-Besprechung

Ziele und Inhalte

Eine Strategie-Besprechung macht nur dann wirklich Sinn, wenn im Unternehmen eine Vision bzw. ein Leitbild existiert, wonach sich die zu entwickelnde Unternehmensstrategie ausrichten kann. Eine Strategie-Besprechung findet ein- bis zwei Mal im Jahr statt.

Zentrales Anliegen dieser Besprechung ist es, die Unternehmensstrategie festzulegen: Mit welchen Produkten oder Leistungen will das Unternehmen künftig am Markt sein, mit welchen Kunden soll zusammengearbeitet werden, welche Umsätze werden angestrebt. Dabei genügt es allerdings nicht lediglich Zielgrößen festzulegen, sondern es geht insbesondere darum ein Messkonzept („Woran erkennen wir, dass ein bestimmtes Ziel erreicht wurde?", „Wie fühlt sich das an?") zu definieren. Um eine glaubwürdige Unternehmensstrategie zu erarbeiten, muss das „Gelebte-Innere" mit dem, was ins „Außen" kommuniziert und verfolgt wird, übereinstimmen. So fällt es zum Beispiel schwer, nachhaltig die Strategie: „Qualitätsführerschaft in einem technologisch anspruchvollen Marktsegment" zu verfolgen, wenn Qualitätsbewusstsein im Wertesystem des Geschäftsführers und des Führungskreises eine untergeordnete Rolle spielt und damit im „Innern" auch nicht (vor-)gelebt wird.

Beschreibung der Merkmale

Gruppe

Bei Gesprächstypen wie der Strategie-Besprechung gilt: „weniger ist mehr". Über einen längeren Zeitraum hinweg findet zwischen den Teilnehmern ein reger Meinungs- und Ideenaustausch im Sinne eines Dialogs statt, sodass die Gruppe nicht mehr als 7 Personen umfassen sollte. In aller Regel gibt die Hierarchie die Gruppenmitglieder vor. Neben den Geschäftsführern sollten alle Bereichsverantwortlichen an der Besprechung teilnehmen.

Dramaturgie

Eine Strategie-Besprechung hat eher einen Workshop- bzw. einen „Klausur-Charakter". Mitunter wird sie daher auch nicht in firmeneigenen Besprechungsräumen durchgeführt. Die Strategie-Besprechung dauert üblicherweise zwischen vier und acht Stunden, der Ablauf könnte folgendermaßen aussehen:

Schritt 1:   Erwartungen der einzelnen Teilnehmer an die Strategie-Besprechung

Schritt 2:   Erarbeitung des „Inneren"-Wertesystems
- Was schätze ich am Geschäftsführer und an meinen Kollegen?
- Was wünsche ich mir von ihnen?

Schritt 3:   Input durch den Geschäftsführer
- Wo wollen wir hin?
- Wo sollen wir hin?

Schritt 4:   Einzelarbeit und Präsentation
- Was war mir persönlich in der Vergangenheit wichtig und bewahrenswert?
- Was können wir in modifizierter Form mitnehmen?
- Was benötigen wir darüber hinaus zusätzlich aus strategischer Perspektive?

Schritt 5:   Konsequenzen für die Umsetzung der Strategie und Erarbeitung der Messkonzepte

Ohne eine feste Vorgehensweise läuft die Gruppe Gefahr, sich kommunikativ zu verzetteln und Wesentliches aus den Augen zu verlieren. Will man in einer akzeptablen Zeit sinnvolle Ergebnisse erzielen, müssen sich die Teilnehmer strikt an die Vorgehensweise halten und akzeptieren, dass der Freiheitsgrad relativ gering ist.

Kommunikationsstruktur

Bei Gesprächen dieser Art ist eine Kommunikationsstruktur notwendig, die offen ist für Meinungs- und Ideenvielfalt. Dazu müssen alle Teilnehmer aktiv Beiträge zur Unternehmensstrategie leisten und gleichberechtigt an der Kommunikation teilnehmen können. Der Workshop ist durch ein dialogisches Kommunikationsverständnis und eine verständigungsorientierte Haltung aller Teilnehmer geprägt.

Moderation

Die Strategie-Besprechung erfordert eher eine stark lenkende Moderation. Der Moderator muss nicht nur darauf achten, dass die Dramaturgie genau eingehalten wird (geringer Freiheitsgrad) und die Teilnehmer gegebenenfalls wieder „auf den richtigen Weg" bringen, sondern auch – weil der Dialog anfällig für Störungen – in hohem Maße auf die Einhaltung von Kommunikations- und Verhaltensspielregeln auf der Beziehungsebene achten. Hinzu kommt, dass die Teilnehmer aus unterschiedlichen Hierarchieebenen kommen. In der Praxis hat sich vielfach bewährt, die Moderation durch einen externen Moderations- und Kommunikationsspezialisten durchführen zu lassen, damit sich auch der Geschäftsführer inhaltlich voll an dem Workshop beteiligen kann. Ansonsten läuft der Geschäftsführer Gefahr, in eine Doppelrolle mit der Moderationsaufgabe zu geraten, die erfahrungsgemäß fast zwangsläufig zur Unzufriedenheit führen muss und wird.

Visualisierung

Für die Entwicklung einer umfassenden Unternehmensstrategie ist eine Prozess-Visualisierung notwendig. Zum einen müssen die Teilnehmer in der Besprechung erkennen, wie und warum welches Ziel und das dahinter stehende Messkonzept entwickelt wurden. Zum anderen müssen sie die Ergebnisse und den Weg dorthin verinnerlichen, weil aus den Zielen der Unternehmensstrategie die Ziele für die einzelnen Bereiche bzw. Abteilungen abgeleitet werden.

4.2 Das Planungs-Gespräch

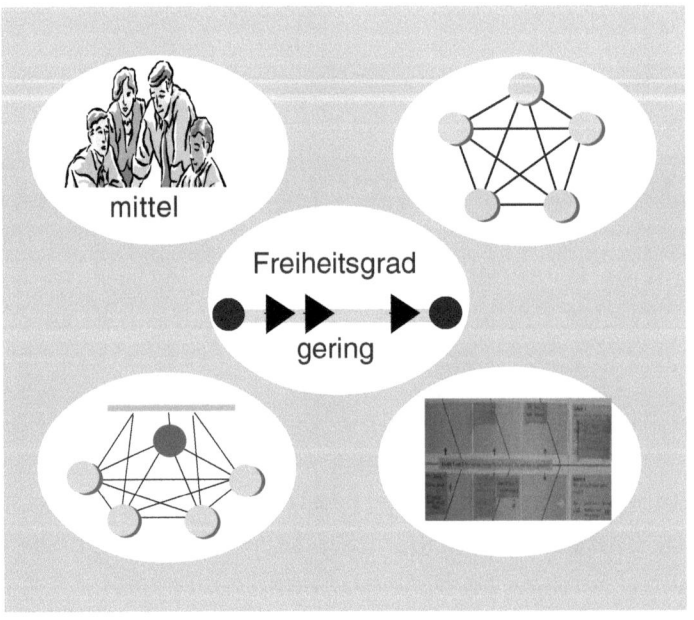

Bild 4: Symbol Planungs-Gespräch

Ziele und Inhalte

Basis eines Planungs-Gesprächs ist die künftig zu verfolgende Unternehmensstrategie. Das Planungs-Gespräch findet in der Regel ein- bis zwei Mal pro Jahr statt. Zentrales Anliegen dieser Besprechung ist es, die Unternehmensstrategie auf die einzelnen Bereiche bzw. Abteilungen anzupassen und als Quartals- oder Monatsziele festzulegen: Mit welchen Produkten oder Leistungen soll der Bereich welche Umsatz-, Qualitäts- oder Kostenziele erreichen? Wichtig ist hierbei, dass Ziele festgelegt werden, die die Mitarbeiter der Abteilung bzw. des Bereichs auch beeinflussen können. Darüber hinaus wird erarbeitet, wie das dazugehörige Messkonzept aussehen soll, anhand dessen die Abteilungsmitglieder erkennen, dass die Ziele erreicht wurden.

Beschreibung der Merkmale

Gruppe

Auch hier findet zwischen den Teilnehmern ein reger Meinungs- und Ideenaustausch im Sinne eines Dialogs statt, allerdings ist der inhaltliche Rahmen, in dem sich die Gruppe bewegt, aufgrund der in der Strategie-Besprechung festgelegten Ziele eingeschränkt. Die Gruppengröße kann hier etwas weiter gefasst werden, sie sollte allerdings nicht mehr als 12 Personen umfassen. Die Gruppenmitglieder werden größtenteils von der Hierarchie vorgegeben. Neben dem Bereichsverantwortlichen sollten seine ihm direkt unterstellten Führungskräfte und evtl. andere „wichtige" Mitarbeiter an der Besprechung teilnehmen. Der Bereichsleiter hat die Aufgabe, die Unternehmensstrategie seinen Mitarbeitern zu verdeutlichen.

Dramaturgie

Für ein Planungs-Gespräch kalkulieren wir etwa zwei bis vier Stunden. Es kann in folgenden Schritten ablaufen:

Schritt 1: Input durch den Vorgesetzten
- Wo sollen wir hin?
- Wo stehen wir?

Schritt 2: Diskussion
- Wie kommen wir dort hin?

- Woran messen wir unseren Fortschritt auf dem Weg dort hin?

Schritt 3: Maßnahmenkatalog erarbeiten und dokumentieren

Auch hier läuft die Gruppe ohne feste Vorgehensweise Gefahr, sich kommunikativ zu verzetteln und Wesentliches aus den Augen zu verlieren. Daher müssen sich die Teilnehmer in hohem Maße an die Vorgehensweise halten, der Freiheitsgrad ist also nur gering.

Kommunikationsstruktur

Trotz des inhaltlich abgesteckten Rahmens, sind beim Planungs-Gespräch ein offener Meinungsaustausch und Ideenvielfalt gefragt. Schließlich soll sich die Abteilung bzw. der Bereich mit diesen Zielen identifizieren. Dazu müssen alle Teilnehmer aktiv Beiträge zur Erarbeitung der Bereichs-/ Abteilungsziele und des dazugehörenden Messkonzepts leisten und gleichberechtigt an der Kommunikation teilnehmen können. Der Dialog stellt hier die geeignete Kommunikationsstruktur dar.

Moderation

Ähnlich wie die Strategie-Besprechung erfordert das Planungs-Gespräch eher einen stark lenkenden Moderator. Er muss darauf achten, dass die Abfolge der einzelnen Schritte genau eingehalten wird und darüber hinaus inhaltlich immer wieder prüfen, ob die von der Gruppe festgelegten Ziele und Maßnahmen zu den Unternehmenszielen passen. Da der Dialog an sich für Störungen anfällig ist, muss der Moderator bei einer Gruppe mit bis zu 12 Teilnehmern (aus i.d.R. zwei Hierarchieebenen) frühzeitig bei Verstößen gegen Kommunikations- und Verhaltensregeln eingreifen und entsprechend stark steuern. Sinnvollerweise sollte die Moderationsaufgabe von einem methodisch geschulten und als Fachmann akzeptierter Mitarbeiter aus dem Personalbereich übernommen werden. Ebenso geeignet sind auch externe Moderatoren, die den Vorzug aufweisen, leichter auf „Stimmigkeit" und „Überblick" achten zu können. Kritisch zu sehen ist, wenn gewissermaßen automatisch der ranghöchste Vorgesetze moderiert. Erfahrungsgemäß fühlen sich die Mitarbeiter dann leicht befangen, und es kann zu Phänomenen kommen, die in der Literatur unter „Gruppenimmunisierung" diskutiert werden. Das will heißen, dass kritische Meinungsäußerungen, die aber wichtig für die Machbarkeit von Zielerreichungen sind, mit Rücksicht auf die vermutete oder offensichtliche Mehrheitsmeinung der Gruppe nicht geäußert werden und in der Folgezeit zu nachhaltig mangelhaften Zielerreichungsgraden führen können.

Visualisierung

Damit Bereichs-/Abteilungsziele von der Unternehmensstrategie für alle Beteiligten nachvollziehbar abgeleitet werden können, ist eine Prozess-Visualisierung sinnvoll. Die Teilnehmer müssen erkennen, in welchem Zusammenhang Bereichsziele und Unternehmensstrategie zueinander stehen und ihre Ziele und die dazugehörenden Messkonzepte verinnerlichen.

4.3 Das Zielverfolgungs-Gespräch

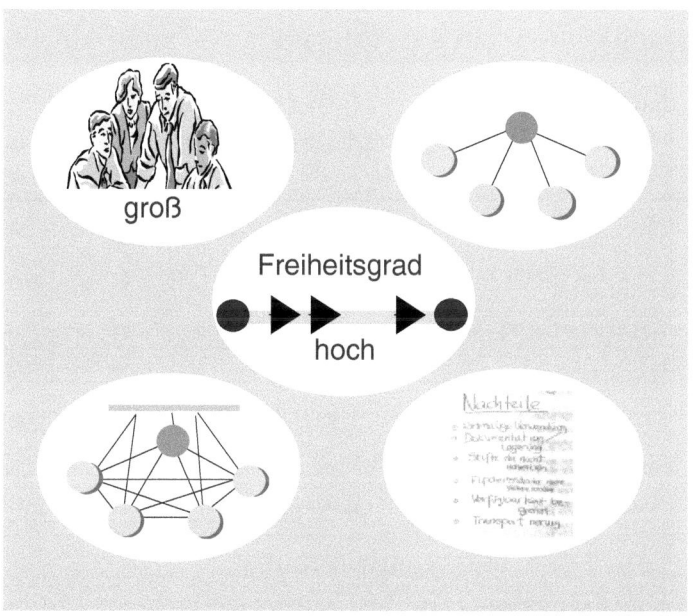

Bild 5: Symbol Zielverfolgungs-Gespräch

Ziele und Inhalte

Das Zielverfolgungs-Gespräch dient vor allem dazu, die im Planungs-Gespräch vereinbarten Ziele in Feinplanungen umzusetzen und immer wieder zu überprüfen, ob diese auch erreicht werden. Typischerweise findet diese Besprechung regelmäßig (einmal im Monat, immer zum selben Termin) statt.

Beschreibung der Merkmale

Gruppe

Ob bzw. in welchem Maße die Abteilungsziele erreicht wurden, ist eine Frage, die im Prinzip alle Abteilungsmitglieder angehen sollte. Die Gruppe ist mit der Organisationsstruktur festgelegt, Teilnehmer sind der Abteilungsverantwortliche und alle MitarbeiterInnen. Die Vielzahl der Teilnehmer wirkt sich direkt auf die Ausgestaltung der Kommunikationsstruktur und die Steuerungsfunktion des Moderators aus.

Dramaturgie

Für das Zielverfolgungs-Gespräch werden üblicherweise eine bis eineinhalb Stunden eingeplant. Die Besprechung hat keinen Workshop-Charakter mehr, sie ist eher eine Mischung aus Informationsveranstaltung mit Diskussionsanteilen und kann in folgenden Schritten ablaufen:

Schritt 1: Rückblick:
Der Verantwortliche gibt einen kurzen Überblick über die erreichten Ziele
(Bei welchem Ziel wurde welcher Wert erreicht? Wie stark weicht dieser vom geplanten Wert ab?)

Schritt 2: Analyse und Festlegen von Maßnahmen
Im Falle von Zielabweichungen: Diskussion: Warum konnten die Ziele nicht erfüllt werden? Was muss getan werden, um geplante Werte zu erreichen?
Anschließend Vereinbarung: Wer macht was bis wann?

Schritt 3: Lob, Dank und Anerkennung
Die Führungskraft spricht den MitarbeiterInnen Lob und Anerkennung aus und bedankt sich für deren Engagement. Wichtig ist hierbei, dass diese Wertschätzung für die MitarbeiterInnen auch glaubwürdig vermittelt wird.

Hier bleibt es dem Moderator überlassen, mit welchem Ziel er beginnt. Er muss sich auch nicht an die Trennung der einzelnen Phasen halten. Situativ kann er entscheiden, ob es sinnvoller ist, ein bestimmtes Ziel zu analysieren und für dessen Zielerreichung Maßnahmen festzulegen, oder ob zunächst alle Zielwerte übermittelt und dann analysiert werden. Es kommt in der

Praxis auch vor, dass Schritt 2 komplett ausfällt, weil alle Ziele erreicht wurden. Der Ablauf ist in diesem Gespräch relativ offen, Moderator und Gruppe haben einen relativ hohen Freiheitsgrad.

Kommunikationsstruktur

Während des Rückblicks sind die MitarbeiterInnen eher passiv, sie nehmen lediglich Informationen, die ihnen der Vorgesetzte präsentiert, entgegen. Passend ist, dafür eine Kommunikationsstruktur, bei der einerseits Informationen präzise weitergegeben werden können, andererseits aber auch die MitarbeiterInnen schnell in einen Dialog einbezogen werden können (vgl. Schritt 2). Dieser Wechsel gelingt bei informationsorientierten Kommunikationsstrukturen wesentlich leichter.

Moderation

Da beim Zielverfolgungs-Gespräch eng an den Zielen kommuniziert wird, der inhaltliche Rahmen im Wesentlichen vorgegeben ist, die Dramaturgie dagegen verhältnismäßig offen, genügt es, wenn der Moderator in Schritt 1 gelegentlich prüft, ob die Gruppe inhaltlich voran kommt. Stärker gefragt ist er bei Schritt 2, in dem eine relativ große Gruppe diskutiert, was man machen kann, um die Ziele zu erreichen. Hier muss er frühzeitig bei Verstößen gegen Kommunikations- und Verhaltensregeln eingreifen und entsprechend steuern. In der Summe kommt dem Moderator bei dieser Besprechung eine schwach lenkende Funktion zu. Im Zielverfolgungs-Gespräch übernimmt üblicherweise der Abteilungsverantwortliche die Moderatorenrolle.

Visualisierung

Im Zielverfolgungs-Gespräch ist eine Ergebnis-Visualisierung angezeigt. Damit die Teilnehmer am Ende der Besprechung das gleiche Bild von der aktuellen Situation haben, ist es nicht wichtig den Kommunikationsprozess zu visualisieren, sondern die eigentlichen Ergebnisse: Welche (Teil-)Ziele wurden erreicht, wer muss was bis wann erledigen.

4.4 Das Abstimmungs-Gespräch

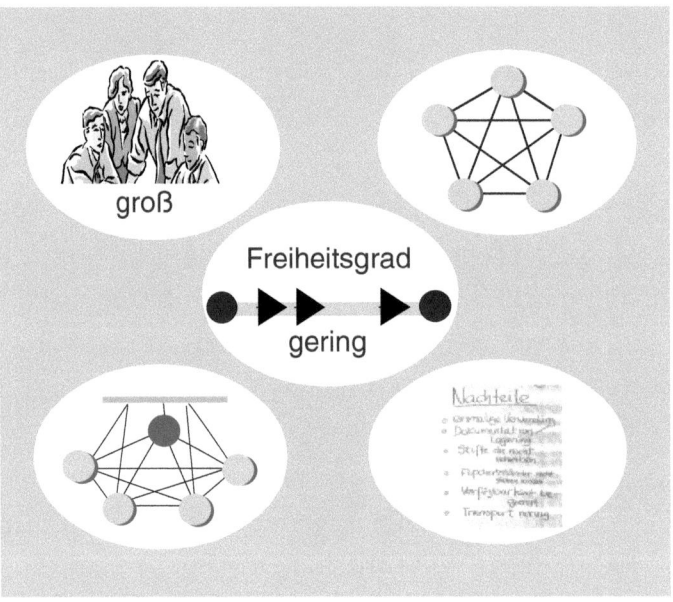

Bild 6: Symbol Abstimmungs-Gespräch

Ziele und Inhalte

Abstimmungs-Gespräche dienen dem regelmäßigen Informations- und Wissensaustausch zu einem gemeinsamen Verantwortungsbereich und damit der operativen Unternehmensführung. Im Allgemeinen finden sie im wöchentlichen oder 14-tägigen Rhythmus statt. Im Abstimmungs-Gespräch werden die Aktivitäten einer Abteilung auf ein gemeinsames Ziel ausgerichtet. Zudem soll sichergestellt werden, dass die einzelnen Abteilungen ihr Umfeld nicht aus den Augen verlieren und eine Abstimmung der Aufgaben und Vorgehensweisen miteinander und aufeinander stattfindet, um in der Folge ein möglichst reibungsloses Zusammenwirken zu erreichen (interner Kunden-Gedanke). Das beinhaltet, dass sowohl Abstimmungen an den „Schnittstellen" sowie kurzfristige Absprachen über den Arbeitsablauf getroffen werden, um eine Optimierung von Abläufen anzustreben.

Beleuchtung der Merkmale

Gruppe

Damit die Aktivitäten einer Abteilung auf ein gemeinsames Ziel hin ausgerichtet werden können, ist es sinnvoll, wenn neben dem Abteilungsverantwortlichen alle Abteilungsmitglieder an dem Gespräch teilnehmen. Finden Abstimmungs-Gespräche auf höherer Ebene – also zwischen den Abteilungen eines Bereichs statt - nehmen alle Abteilungsleiter und der Bereichsleiter an der Besprechung teil. Gesprächsinhalt (mögliche Interessengegensätze) und Gruppengröße haben Einfluss auf Dramaturgie, Kommunikationsstruktur und Lenkungsfunktion des Moderators.

Dramaturgie

Wie das Zielverfolgungs-Gespräch ist das Abstimmungs-Gespräch eine Mischung aus Information und Diskussion. In der Regel dauert es eine bis zwei Stunden. Das Gespräch kann sich in folgende Schritte gliedern:

Schritt 1: Information
Der Abteilungs- bzw. Bereichsleiter gibt einen allgemeinen Überblick über wesentliche Ereignisse oder Veränderungen in der abgelaufenen Periode

Schritt 2: Abstimmung
In diesem Schritt werden spezifische Schnittstellenprobleme angesprochen (z.B. in Bezug auf gemeinsame Marketingaktionen, Versuche, die termingerechte Erledigung von Aufträgen, oder die Abstimmung von Kapazitäten) und alle Ereignisse, auf die in der nächsten Periode besonders zu achten ist.

Schritt 3: Maßnahmen vereinbaren
Die vereinbarten Maßnahmen und Aktionen werden abschließend in einem Aktionsplan (wer macht was bis wann) dokumentiert.

Im Gegensatz zu den bisherigen Gesprächen ist es beim Abstimmungs-Gespräch notwendig, dass der Moderator sich inhaltlich vorbereitet. Vergisst der Moderator über wesentliche Ereignisse zu berichten oder wesentliche Schnittstellenprobleme anzusprechen, kann dieses Gespräch seinen Zweck nicht erfüllen. Der Moderator muss sich folglich relativ streng an den Ablauf halten und Punkt für Punkt abarbeiten, damit inhaltlich nichts verloren geht.

Kommunikationsstruktur

Wie oben erwähnt haben wir beim Abstimmungs-Gespräch (was die Kommunikationsstruktur betrifft) einen Mischtyp. Zu Beginn nehmen die Teilnehmer eher eine passive Rolle ein, im Wesentlichen sind sie Informationsempfänger. Ab Schritt 2 steht eher der Dialog im Vordergrund. Welche Schnittstellenprobleme gibt es, um welche Interessen geht es dabei, wie kann man diese Probleme sinnvoll angehen usw. Auch bei der Planung und der Festlegung der Maßnahmen sind die Teilnehmer gefordert, sich aktiv am Gespräch zu beteiligen. Insgesamt gesehen überwiegen beim Abstimmungsgespräch daher dialogische Kommunikationsstrukturen.

Moderation

Da beim Abstimmungs-Gespräch der inhaltliche Rahmen relativ offen ist, in der verhältnismäßig großen Gruppe zudem dialogische Kommunikationsstrukturen überwiegen, muss der Moderator seine Rolle als Beobachter und Steuerer der Kommunikation gut ausfüllen. Er trägt dafür Sorge, dass jeder, der inhaltlich etwas zu sagen hat, zu Wort kommt und auch gehört wird. Bei der Abstimmung (Schritt 2, insbesondere wenn sich verschiedene Abteilungen miteinander abstimmen müssen) können immer wieder unterschiedliche Interessen aufeinander treffen. Hier muss er feinsinnig beobachten, damit er frühzeitig bei Verstößen gegen Kommunikations- und Verhaltensregeln eingreifen und konsequent agieren kann. Der Moderator muss im Abstimmungs-Gespräch eine stark lenkende Funktion einnehmen. Üblicherweise übernimmt der Abteilungs- bzw. Bereichsverantwortliche diese Rolle.

Visualisierung

Betrachtet man das eigentliche Ziel des Abstimmungs-Gesprächs stehen eindeutig die inhaltlichen Ergebnisse und damit eine ergebnisorientierte Visualisierung im Vordergrund. Damit alle Beteiligten wissen, wer aus welchem Grund was beachten bzw. bis wann was erledigen sollte oder wer sich zusätzlich kurzfristig mit wem abstimmen muss, ist es wichtig, dass alle Vereinbarungen eindeutig schriftlich fixiert werden.

4.5 Das Informations-Gespräch

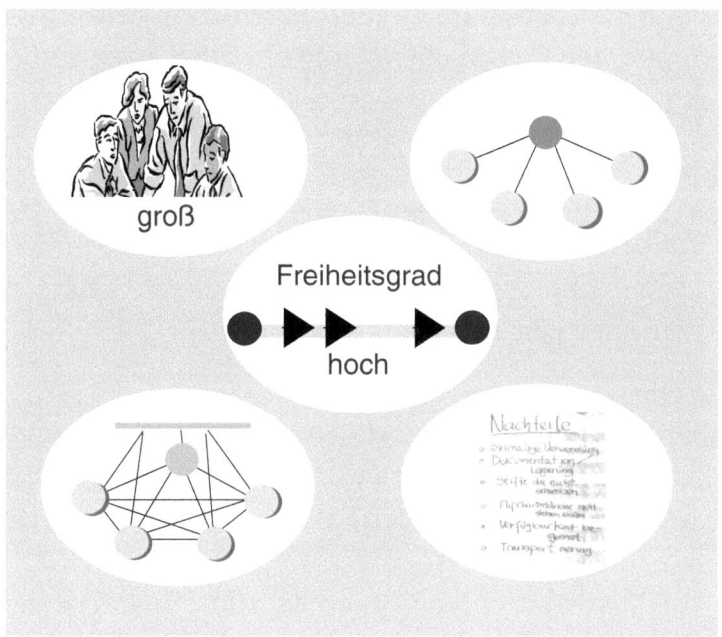

Bild 7: Symbol Informations-Gespräch

Ziele und Inhalte

Im Informations-Gespräch stehen die Informatioen zu aktuellen Ereignissen und die Reflexion der Arbeit im Vordergrund. Es geht darum, dass sich die MitarbeiterInnen aus dem täglichen Arbeitstrott herausnehmen und sich bewusst werden, was sie gemeinsam erreicht haben, was gut und was weniger gut lief. Informations-Gespräche werden üblicherweise einmal pro Woche, oder alle zwei Wochen immer zum gleichen Termin durchgeführt.

Beleuchtung der Merkmale

Gruppe

Damit MitarbeiterInnen einer Abteilung über „dieselben" Informationen verfügen, sollten möglichst alle am Informations-Gespräch teilnehmen. Auch hier haben wir es eher mit einer großen Gruppe zu tun. Geleitet wird dieses Gespräch in der Regel vom Abteilungsverantwortlichen.

Dramaturgie

Das Informations-Gespräch dauert in der Regel ein halbe bis eine Stunde. Inhaltlich besteht es aus zwei Teilen: der Information und einer Reflexion. Der Ablauf könnte dementsprechend folgendermaßen aussehen:

Schritt 1: Information
Information der MitarbeiterInnen über anstehende Veränderungen, die sowohl das gesamte Unternehmen als auch Teilbereiche betreffen könne (z.B. Informationen über (neue) Kunden und Lieferanten, neue Produkte, Investitionen oder personelle Veränderungen).

Schritt 2: Reflexion
Kurzer Überblick über die erreichten Ergebnisse der zurückliegenden Periode (z.B. Welche wichtigen Aufgaben konnten erledigt werden? Wie hat man in schwierigen Situationen reagiert? usw.) Aufgabe des Abteilungsverantwortlichen ist es hierbei, zum Nachdenken darüber anzuregen, was gut oder schlecht lief und worauf die Abteilung künftig mehr achten sollte, bzw. was man künftig anders machen möchte.

Schritt 3: Ergebnisse festhalten
Alle Informationen und die im Verlauf des Gesprächs besprochenen Punkte werden abschließend schriftlich festgehalten.

Wie beim Abstimmungs-Gespräch ist es auch hier notwendig, dass sich der Abteilungsverantwortliche inhaltlich vorbereitet. In der Praxis stellen wir immer wieder fest, dass es Menschen relativ leicht fällt, sich an Vorgänge zu erinnern, die nicht so gut gelaufen sind. Die Erinnerung daran, was wirklich gut lief oder worüber man sich gefreut hat, verblasst wesentlich schneller, und es braucht eine gewisse Zeit des Nachdenkens, um sie wieder „hervorzukramen". Aus Gründen der Arbeitserleichterung kann der Gesprächsleiter das Formblatt, mit dem er sich auf das Gespräch vorbereitet hat, zugleich als Protokoll verwenden und um die Anmerkungen der Gruppe bzw. die Vereinbarungen ergänzen. Für die Ergebnisqualität des Gesprächs ist es nicht entscheidend, ob zuerst über die Arbeit reflektiert wird und die MitarbeiterInnen anschließend über Neuigkeiten informiert werden oder umgekehrt. Der Ablauf ist relativ offen. Wichtig ist lediglich, dass alle wesentlichen Punkte angesprochen werden und sich die Gruppe nicht in aufwendigen Problemanalysen verzettelt. Warum es zu einem bestimmten Problemen kam, an welchen Ursachen man arbeiten muss, um Problemlösungen zu entwickeln, ist Inhalt anderer Gesprächstypen.

Kommunikationsstruktur

Beim Informations-Gespräch stehen dialogische Kommunikationsstrukturen eher im Hintergrund. Als Informationsempfänger nehmen die MitarbeiterInnen eine passive Rolle ein. Auch bei der Reflexion wird der Abteilungsverantwortliche im Wesentlichen die Inhalte vorgeben. Selten – nur bei ganz bestimmten Punkten wird er die Teilnehmer mittels Fragen aktivieren, um die Kommunikation in der relativ großen Gruppe nicht unnötig aufzublähen.

Moderation

Ein hoher dramaturgischer Freiheitsgrad und eine informationsorientierte Kommunikationsstruktur in hierarchisch zusammengesetzten Gruppen erfordern normalerweise keine Moderation im eigentlichen Sinn, da die Kommunikation in hohem Maße vom Abteilungsverantwortlichen bestimmt wird. Dieser sollte lediglich darauf achten, dass die Teilnehmer sich an die Kommunikations- und Verhaltensspielregeln halten und weiterführende Gesprächsthemen (z.B. Problemanalysen) entsprechend aussteuern.

Visualisierung

Damit alle Teilnehmer bei Bedarf immer wieder nachschauen können, was wann besprochen wurde, ist es sinnvoll, alle Neuerungen und etwaige Vereinbarungen im Sinne einer ergebnisorientierten Visualisierung zu protokollieren.

Formblatt: **Vorbereitung auf das Informations-Gespräch**

1: Information

Was steht an?,
Wie ist unsere Auftragslage?,
Welche Auslastung haben wir?

Welche neuen oder wichtigen Informationen über Kunden und Lieferanten gibt es?

Welche neuen Produkte sollen gefertigt werden, welche fallen weg?

Welche Aufgaben fallen weg? Welche Aufgaben kommen hinzu?

2: Reflexion

Welche wichtigen Termine und Aufträge haben wir eingehalten?
Welche schwierigen Aufgaben haben wir erledigt?

Was lief gut?

Was lief weniger gut, wobei gab es Schwierigkeiten?

Worauf müssen wir verstärkt achten (Ziele, geänderte Abläufe,...)

3: Ergebnisse festhalten

Was legen wir fest?

wer?	macht was?	bis wann?

© komzept

4.6 Das Zielvereinbarungs-Gespräch

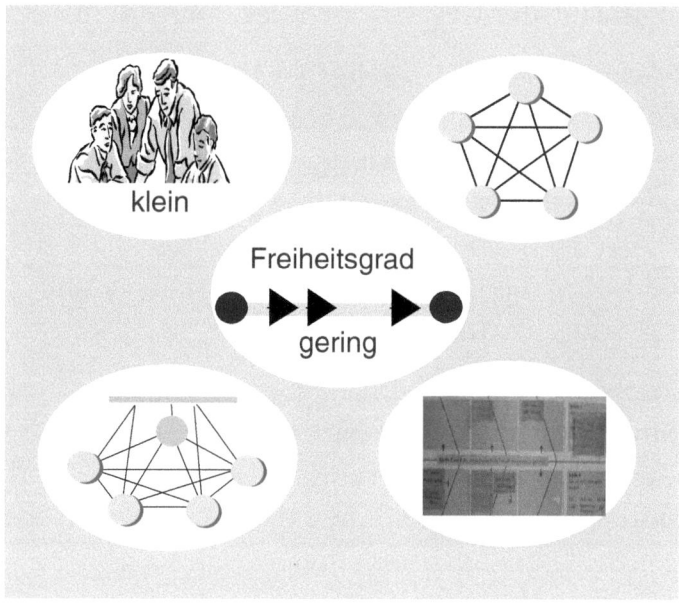

Bild 8: Symbol Zielvereinbarungs-Gespräch

Ziele und Inhalte

Ein Zielvereinbarungs-Gespräch sollte für die Beteiligten Anlass sein, sich über die aktuellen und künftigen Anforderungen, Bedingungen und Entwicklungen im Arbeitsumfeld des Mitarbeiters zu verständigen. Es bietet dem Vorgesetzten aber auch die Möglichkeit, den Mitarbeiter darüber zu informieren, wie er dessen Leistungen, sein Verhalten und sein Zusammenwirken mit anderen sieht. Schlussendlich geht es neben der wertschätzenden Anerkennung der Leistung darum, Ziele zur Verbesserung der Ergebnisse von Handlungen und Prozessen zu vereinbaren. Üblicherweise findet das Zielvereinbarungs-Gespräch ein- bis zweimal pro Jahr statt.

Beleuchtung der Merkmale

Gruppe

Ein Zielvereinbarungs-Gespräch führt der Vorgesetzte mit jeder seiner Mitarbeiterinnen bzw. jedem Mitarbeiter. Mitunter machen Mitarbeiter auch von ihrem Recht Gebrauch, einen Betriebsrat zu diesem Gespräch hinzuzuziehen.

Dramaturgie

Für ein Zielvereinbarungs-Gespräch sollten Sie eine bis zwei Stunden einplanen. Der Ablauf des Gesprächs könnte folgendermaßen aussehen:

Schritt 1: Rückblick auf die vorangegangene Periode
Es geht um die Fragen: „Inwieweit wurden die Ziele erreicht?" Welche Schwierigkeiten traten auf?" „Wie hat sich der Mitarbeiter verhalten?"
Die gemeinsame Analyse der Vergangenheit gibt ein klares Bild über die Leistungen des Mitarbeiters und Ansatzpunkte für Lob oder Kritik.

Schritt 2: Erarbeitung der künftigen Ziele
Mitarbeiter und Vorgesetzter tragen ihre Ideen vor, danach wird geprüft wo Übereinstimmungen, wo Differenzen sind. Welche Ziele können daraus vereinbart werden, über welche muss noch diskutiert werden?

Schritt 3: Erarbeitung der Maßnahmen
Wie stellt sich der Mitarbeiter die Realisierung vor, wo könnten Schwierigkeiten auftreten. Welche Probleme sieht der Vorgesetzte, wie kann er seinen Mitarbeiter bei der Zielverfolgung unterstützen? Welche Maßnahmen sollten fixiert werden?

Schritt 4: Fixierung der Vereinbarungen und Rahmenbedingungen
Wie können die Ziele möglichst eindeutig und konkret formuliert werden? Mit welchen Maßnahmen können sie erreicht werden? Welche Messkonzepte und Randbedingungen gelten? Bis zu welchem Zeitpunkt sollen die Ziele erreicht werden?

Damit die Beteiligten zu einvernehmlichen Vereinbarungen gelangen, ist es wichtig, dass man in den oben dargestellten Schritten vorgeht und sich in hohem Maße an die Dramaturgie hält. Grundlegend für das Gespräch ist, dass sich Vorgesetzter und Mitarbeiter inhaltlich gleichermaßen auf das Gespräch vorbereitet haben.

Kommunikationsstruktur

Intention und Ablauf des Zielvereinbarungs-Gesprächs machen erforderlich, dass die Gesprächspartner miteinander in einen Dialog treten. Nur über eine dialogorientierte Kommunikationsstruktur kann eine möglichst hohe Integration des Mitarbeiters in den Aushandlungsprozess erreicht werden.

Moderation

Als Gesprächsleiter ist der Vorgesetzte dafür verantwortlich, dass die vorgegebenen Schritte eingehalten werden. Damit sich eine dialogische Haltung[1] entwickeln kann, sollte er das Gespräch jedoch nicht stärker als unbedingt notwendig lenken. Insgesamt hat der Vorgesetzte im Zielvereinbarungs-Gespräch eine „schwach steuernde" Moderatorenrolle.

Visualisierung

Wesentlich für die Ergebnisqualität ist weiterhin, dass die Ziele in einem kooperativem Miteinander entwickelt und festgeschrieben werden. Hierzu müssen die Gesprächspartner Übersicht über die kommunizierten Ideen und Meinungen behalten. Sie tun sich dabei leichter, wenn sie den Gesprächsverlauf und -inhalte visualisieren (Prozess-Visualisierung).

4.7 Das Bewertungs-Gespräch

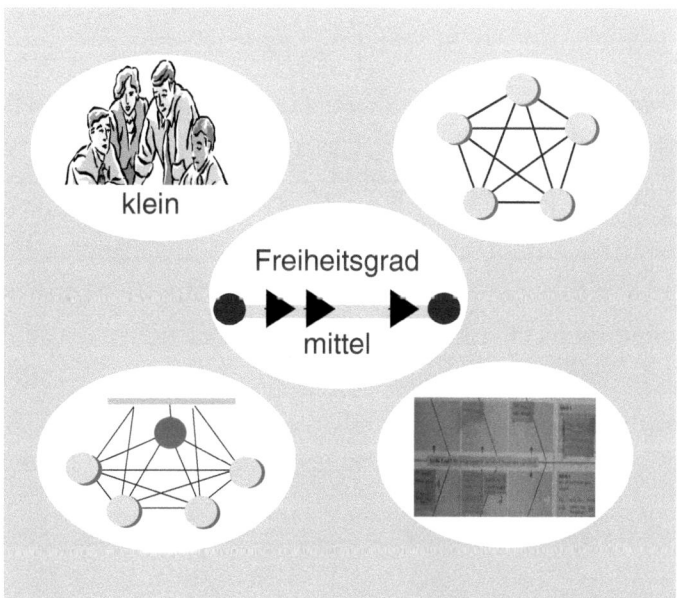

Bild 9: Symbol Bewertungs-Gespräch

Ziele und Inhalte

Ein Bewertungs-Gespräch findet immer dann statt, wenn einem Unternehmen verschiedene Handlungsalternativen offen stehen oder verschiedene Ideen vorliegen und eine Entscheidung darüber getroffen werden muss, welchen Weg man schlussendlich gehen möchte. Ziel ist es daher, zunächst einmal sinnvolle Bewertungskriterien zu definieren. Erst danach können die einzelnen Alternativen bewertet werden.

Beleuchtung der Merkmale

Gruppe

Die Gruppenzusammensetzung ist flexibel, sie hängt davon ab, was bewertet werden soll. Die Mitglieder sind in der Regel Führungskräfte und/oder Experten aus den betroffenen Fachbereichen. Unserer Erfahrung nach funktionieren Bewertungs-Gespräche am besten in Gruppen bis maximal sieben Mitgliedern.

Dramaturgie

Ein Bewertungs-Gespräch dauert in der Regel zwischen zwei und vier Stunden. Es gliedert sich sinnvollerweise in folgende Schritte:

Schritt 1: Vorstellung der einzelnen Handlungsalternativen oder Ideen

Schritt 2: Festlegung der Bewertungskriterien

Schritt 3: Bewertung der einzelnen Handlungsalternativen oder Ideen anhand der in Schritt 2 festgelegten Kriterien

Welchen Weg die Gruppe einschlägt, die einzelnen Alternativen oder Ideen zu präsentieren und entsprechende Kriterien zu definieren, bleibt ihr bzw. dem Moderator überlassen. Wesentlich für die Ergebnisqualität eines Bewertungs-Gesprächs ist allerdings, dass die Teilnehmer die Alternativen/Ideen inhaltlich erfasst haben und geeignete Bewertungskriterien definieren. Der Moderator sollte sich genau an die Schrittabfolge halten, er hat jedoch relativ viel Freiraum darin, wie er die einzelnen Schritte gestaltet.

Kommunikationsstruktur

Zwar hat die Vorstellung der zur Disposition stehenden Alternativen Informationscharakter, dennoch stehen insgesamt gesehen dialogische Kommunikationsstrukturen im Vordergrund. So müssen in der Folge für alle Beteiligten nachvollziehbare und akzeptierbare Bewertungskriterien definiert werden. Und auch die eigentliche Bewertung der Alternativen bzw. Ideen erfordert, dass sich alle Gruppenmitglieder aktiv und gleichberechtigt in die Kommunikation einbringen können.

Moderation

Da die Bewertungskriterien stets von neuem definiert werden müssen und die Vorgehensweise in den einzelnen Schritten relativ offen ist, ist ein Moderator notwendig, der diesen offenen Raum ausfüllt und stets präsent ist. Insbesondere bei der Anwendung der Bewertungskriterien auf die einzelnen Alternativen sollte er darauf achten, dass die Kommunikation eng an der Sache geführt wird. Mitunter nimmt der Vorgesetzte in seiner Moderatorenrolle mehr Einfluss bei der Festlegung der Bewertungskriterien ein, als ihm zusteht. Daher ist meist ein methodisch geschulter und als Fachmann akzeptierter Mitarbeiter aus dem Personalbereich oder ein Externer als Moderator sinnvoller.

Visualisierung

Um bei der Festlegung der Bewertungskriterien den Überblick zu behalten ist neben der Visualisierung der Ergebnisse (die Kriterien an sich) auch eine Visualisierung davon notwendig, wie die Gruppe zu den Kriterien kam. Diese Nachvollziehbarkeit mittels einer Prozess-Visualisierung ist nicht nur für die Teilnehmer des Bewertungs-Gesprächs wichtig, sondern im gleichen Maße auch für die Mitglieder der Entscheidungs-Sitzung.

4.8 Die Entscheidungs-Sitzung

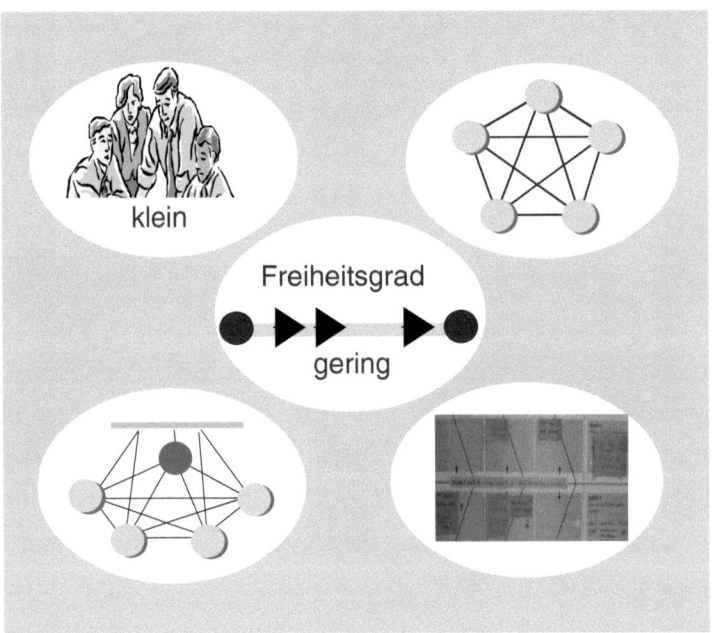

Bild 10: Symbol Entscheidungs-Sitzung

Ziele und Inhalte

In Entscheidungs-Sitzungen geht es darum aus verschiedenen möglichen (Handlungs-) Alternativen die sinnvollste auszuwählen und sich bewusst dafür zu entscheiden. Diese Sitzung sollte nur dann stattfinden, wenn alle bestehenden Alternativen bewertet sind. Entscheidungs-Sitzungen finden üblicherweise nicht in einem bestimmten Turnus statt, sie werden immer dann (meist relativ kurzfristig) einberufen, wenn eine für das Unternehmen wichtige bzw. weit reichende Entscheidung zu treffen ist.

Beleuchtung der Merkmale

Gruppe

Auch hier orientiert sich die Gruppenzusammensetzung am Entscheidungsinhalt; sie bildet sich also bei jeder Sitzung neu. Die Mitglieder stammen in der Regel aus der Geschäftsführung (Geschäftsführer, Bereichs-/Abteilungsleiter). Bei Bedarf werden auch Experten aus einzelnen Fachbereichen hinzugezogen. Eine Gruppe, deren Aufgabe es ist, aus verschiedenen Möglichkeiten die für das Unternehmen sinnvollste auszuwählen, sollte nicht mehr als sieben Personen umfassen.

Dramaturgie

Wie beim Bewertungs-Gespräch sollten Sie bei der Entscheidungs-Sitzung einen zeitlichen Rahmen von zwei bis vier Stunden einplanen. Die Sitzung gliedert sich in folgende Schritte:

Schritt 1: Vorstellen der einzelnen Handlungsalternativen und deren Bewertungen mit Visualisierung aus einem Bewertungs-Gespräch (vgl. Abschnitt 4.7.)

Schritt 2: Diskussion der Bewertungen der Handlungsalternativen oder der Ideen vor dem Hintergrund der geschäftspolitischen Verantwortung sowie deren Einpassung in Unternehmensvision, -philosophie, -leitbild und -strategie.

Schritt 3: Konkrete Entscheidung für eine Handlungsalternative oder Idee

Wesentlich für die Ergebnisqualität einer Entscheidungs-Sitzung ist es, dass die Teilnehmer den vorliegenden Bewertungen vertrauen und nicht versuchen, die Alternativen von Neuem zu bewerten. Darüber hinaus sollte die Entscheidung für oder gegen eine bestimmte Handlungsalternative immer auch mit der Unternehmensstrategie bzw. den Unternehmenszielen abgestimmt sein. Der Moderator muss daher die Kommunikation relativ eng an der Sache führen und sich streng an den vorgegebenen Ablauf halten. Der dramaturgische Freiheitsgrad ist hier äußerst gering.

Kommunikationsstruktur

In der Entscheidungs-Sitzung soll eine Entscheidung getroffen werden, die gemeinschaftlich getragen werden kann. Die Beteiligten müssen demnach einen „Gemeinsinn" darüber entwickeln, welches die „beste" Alternative ist. Dies geht nur im Dialog; hier haben alle Teilnehmer die Möglichkeit, sich aktiv und gleichberechtigt an der Kommunikation zu beteiligen.

Moderation

In Gesprächen mit geringem dramaturgischen Freiheitsgrad und dialogorientierter Kommunikationsstruktur braucht es einen Moderator, der seine Rolle in hohem Maße ausfüllt. Bei der kleinsten Abweichung vom

Ablauf muss er steuernd eingreifen, darüber hinaus muss er die Kommunikation insbesondere die Beziehungsebene im Auge behalten.

Auch bei der Entscheidungs-Sitzung ist es mitunter kritisch, wenn die Moderationsaufgabe vom ranghöchsten Vorgesetzten übernommen wird. Es besteht die Gefahr, die Diskussion der Bewertungen (zum Teil auch unbewusst) abzukürzen, um möglichst schnell zu einer Entscheidung zu gelangen. Sinnvoller ist es, einen methodisch geschulten und als Fachmann akzeptierten Mitarbeiter aus dem Personalbereich oder einen externen Moderator einzusetzen; in der Regel bringen sie die für den Entscheidungsprozess notwendige Geduld mit.

Visualisierung

Um einen Gemeinsinn entwickeln zu können, müssen die Teilnehmer die Konsequenzen der einzelnen Alternativen erkennen und den gesamten Entscheidungsprozess vor Augen haben. Dies gelingt bei einer prozessorientierten Visualisierung besser als bei einer ergebnisorientierten.

4.9 Gespräche zur Bearbeitung von Problemen und Entwicklung von Ideen

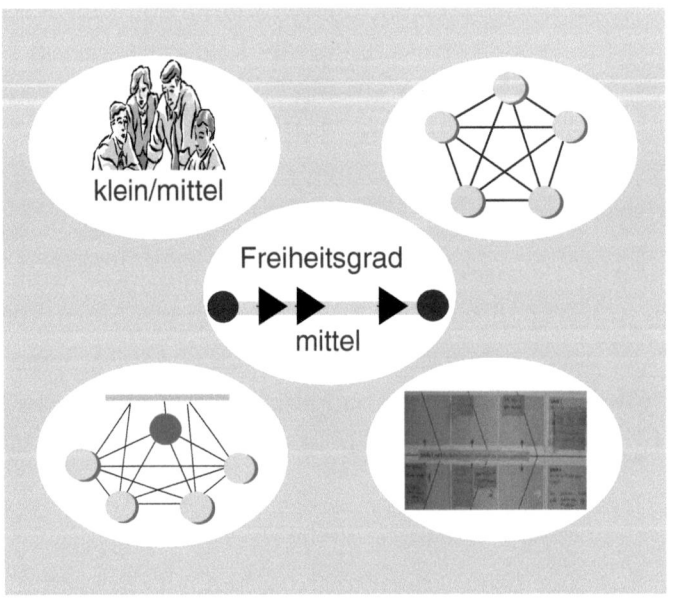

Bild 11: Symbol für Problem- und Ideen-Entwicklungs-Gespräche

Ziele und Inhalte

In diesen Gesprächen geht es darum, dass eine Gruppe für ein bestimmtes Problem oder eine bestimmte Aufgabe konkrete Lösungsvorschläge bzw. Ideen erarbeitet. Mit Problem meinen wir eine bestimmte Situation, in der ein bestimmtes Ziel, eine bestimmte Wirkung erreicht werden soll, und man weiß nicht wie. Da es unterschiedliche Problemtypen (lokale Probleme, einfache und komplexere Schnittstellenprobleme, Prozessprobleme) gibt, ist es ratsam für jeden Problemtyp eine geeignete Problemlösemethode mit entsprechender Dramaturgie anzuwenden[2]. Besteht die Aufgabe z.B. darin, Ideen für neue Produkte oder (Dienst-) Leistungen zu entwickeln, ist der Ideen-Zirkel eine sinnvolle Methode. Bevor Sie zu einer dieser Gesprächsformen einladen, sollten Sie sich im Klaren darüber sein, was Sie bearbeiten möchten. Denn je nachdem um welche Aufgabe bzw. welchen Problemtyp es sich handelt, läuft das Gespräch in einer anderen Dramaturgie ab, müssen unterschiedliche zeitliche Rahmen und Gruppengrößen berücksichtigt werden. In der Folge beschreiben wir unter dem Punkt „Beleuchtung der Merkmale" die Dramaturgie eines KVP-Zirkels, eines Problemlöse-Workshops[3] und eines Prozess-Workshops[4], sowie die Phasen eines Ideen-Zirkels[5]. Bei den anderen Merkmalen ist diese Differenzierung weniger entscheidend.

Beleuchtung der Merkmale

Gruppe

Bei all diesen Gesprächstypen richtet sich die Gruppenzusammensetzung nach dem zu lösenden Problem bzw. der zu lösenden Aufgabe. Wer ist davon betroffen?, Wer kennt sich darin aus oder kann inhaltlich zur Lösung beitragen? Wer weiß um die Zusammenhänge? Das sind die Fragen, die bei der Wahl der Sitzungsteilnehmer zu beantworten sind. Gruppenmitglieder können im Prinzip alle MitarbeiterInnen des Unternehmens sein. Allerdings werden die Teilnehmer, je komplexer die Themen, die es zu bearbeiten gibt, umso eher aus dem Kreise der Facharbeiter, Experten und Führungskräfte kommen. An Problemen mit geringer bis mittlerer Problemkomplexität und in Ideen-Zirkeln arbeiten Gruppen zwischen 4 bis maximal 7 Personen, an Prozess-Problemen zwischen sieben bis maximal 12 Mitglieder.

Dramaturgie

Der Ablauf eines **KVP-Zirkels** (Dauer: 1 bis 2 Stunden) sieht folgendermaßen aus:

Schritt 1: Situation beschreiben, Thema festlegen und abgrenzen

Schritt 2: Ziele definieren

Schritt 3: Ursachen sammeln, ordnen und bewerten

Schritt 4: Lösungen erarbeiten

Ein **Problemlöse-Workshop** (Dauer: 2 bis 4 Stunden) kann sich in folgende Schritte gliedern:

Aufwärmphase: Start der Gruppenarbeit

Schritt 1: Definition der Aufgabe

Schritt 2: Festlegung der Ziele

Schritt 3: Analyse der Einflussfaktoren
- Brainstorming: Kartenabfrage
- Ursachen deuten und ordnen
- Ursachen bewerten

Schritt 4: Entwicklung von Lösungen

Schritt 5: Präsentieren der Lösungen

Die Dramaturgie eines **Prozess-Workshop**s (Dauer 3 bis 4 Tage) besteht aus den Schritten :

Schritt 1: Definition und Abgrenzung des zu optimierenden Prozesses

Schritt 2: Definition der Unter- und der Prozess-Ziele

Schritt 3: Festlegung und Durchführung der Recherche-Aufgaben

Schritt 4: Präsentation der Recherche-Ergebnisse

Schritt 5: Definition der Verbesserungsansätze aufgrund der Recherche-Ergebnisse

Schritt 6: Festlegung und Durchführung der Recherche in Bezug auf die festgelegten Verbesserungsansätze

Schritt 7: Formulierung von Maßnahmen und Effekten

Ein **Ideen-Zirkel** (Dauer 1,5 bis 2 Stunden) läuft üblicherweise in folgenden Schritten ab:

Schritt 1: Aufgabe festlegen und abgrenzen

Schritt 2: Ziele bzw. Prämissen definieren

Schritt 3: Ideen sammeln, punkten und bewerten
- Brainstorming: Kartenabfrage mit anschließendem Clustern
- Ideen punkten
- Ideen nach ausgewählten Gesichtpunkten bewerten

Schritt 4: Aufgaben bzw. Maßnahmen festlegen

Ähnlich wie in Problemlöse-Prozessen bauen auch in Entwicklungs-Prozessen die einzelnen (Denk-)Schritte aufeinander auf[6], fehlt ein Schritt, oder wird er nur oberflächlich behandelt, fehlen der Gruppe wichtige Bausteine für ihre Arbeit. Sie wird ohne Ergebnis irgendwo auf dem Weg stehen bleiben. Aus diesem Grund sollte sich der Moderator genau an die beschriebene Dramaturgie halten. Innerhalb der einzelnen Schritte sind jedoch (kleinere) Abweichungen möglich und mitunter auch sinnvoll. So kann es beispielsweise bei KVP-Zirkeln, die Produktionsthemen behandeln, notwendig werden, im Rahmen der Ursachenanalyse eine Ortsbegehung vorzunehmen.

Kommunikationsstruktur

Optimierungsaufgaben, das Bearbeiten von Problemen oder Entwickeln von Ideen wird eher Gruppen übertragen, weil die unterschiedlichen Sichtweisen, Denkstile, Wissens- und Erfahrungshintergründe der Mitglieder zu einer besseren Ergebnisqualität führen. Dies ist allerdings nur dann der Fall, wenn jeder Teilnehmer die Möglichkeit hat, sich aktiv und gleichberechtigt an der Kommunikation zu beteiligen. Problemlöse- und Entwicklungsprozesse leben davon, dass Menschen miteinander in einen Dialog treten und beraten an welchen Schrauben man drehen muss, um ein Problem zu lösen oder eine Idee zu entwickeln.

Moderation

Wesentlich für die Ergebnisqualität bei Gesprächen dieser Art ist ein Moderator, der sich voll auf seine Aufgabe konzentriert. Der die Kommunikation sehr genau beobachtet und immer dann, wenn sie droht, „schief" zu laufen (z.B. Ungereimtheiten auf der Beziehungsebene, Teilnehmer halten sich nicht an die Dramaturgie, usw.), lenkend und gegensteuernd eingreift: ein Moderations- und Kommunikationsexperte. Dies muss nicht immer ein externer Spezialist sein. Wichtig ist allerdings, dass der Moderator in der jeweiligen anzuwendenden Methodik fundiert ausgebildet ist und über hinreichend praktische Moderationserfahrung verfügt. Tendenziell werden zu Themen, die im Rahmen von Prozess-Workshops bearbeitet werden, eher externe Moderatoren hinzugezogen.

Visualisierung

Ausschlaggebend für die Qualität der Lösungen ist eine umfassende Analyse der Einflussfaktoren bzw. der Ideen in Bezug auf Wirkungsweise und deren Interdependenzen. Darüber hinaus müssen die Gruppenmitglieder über einen längeren Zeitraum hinweg nachvollziehen können, an welcher Stelle sie sich gerade auf dem Problemlöse- oder Entwicklungsweg befinden und sehen können, was noch vor ihnen liegt. Dies gelingt nur mit Hilfe einer Prozess-Visualisierung.

5 Gesprächskultur und Unternehmenskultur

Die Gesprächskultur – das sollte aus den Ausführungen im Kapitel 3 und mit der ausführlichen Besprechung der einzelnen Gesprächstypen in Kapitel 4 deutlich geworden sein – ist ein wesentlicher Teil der Unternehmenskultur und damit maßgeblich mitverantwortlich für den in messbaren Größen ausdrückbaren Unternehmenserfolg. Diese vorliegende Veröffentlichung ist vor diesem Hintergrund gewissermaßen die „Klammer" für die anderen Publikationen von uns als Autoren dieser RKW-Reihe. Nachstehend wollen wir den Gesamtzusammenhang zwischen den einzelnen Publikationen deswegen darstellen, weil dann hoffentlich einerseits deutlich wird, wie die Veröffentlichungen inhaltlich zusammenhängen und Ihnen andererseits die Möglichkeit geben, konkret vertiefend nachschauen zu können und sich in der gleichen Sprach-, Werte- und Haltungswelt wiederzufinden.

Ausgangspunkt der Lektüre kann je nach Interessenlage des Lesers sehr unterschiedlich sein. Sollten Sie sich gedanklich vorrangig mit Probleme-Lösungskonzeptionen beschäftigen, dann ist es sinnvoll, mit „Probleme wahrnehmen, annehmen, bearbeiten"(Silke Balbierz) zu beginnen. Sind Sie dagegen auf der Suche nach der geeigneten Vorgehensweise, wenn es um neue Produkte geht, empfehlen wir „Ideen entwickeln, sammeln, bewerten. Mit dem Ideen-Zirkel zu neuen Produkten"(Silke Balbierz). Gehen Ihre Fragen dagegen stärker in die Richtung, wie Ihr Unternehmen zu mehr Kunden kommt, dann lohnt sich die Lektüre von „Kontaktmanagement – Die etwas andere Art zu akquirieren"(Silke Balbierz/ Norbert Weiss). „Systematische Prozessoptimierung"(Norbert Weiss) beschäftigt sich mit Prozessproblemen und Komplexität in Fertigungsbetrieben und Dienstleistungsorganisationen. Liegt Ihr Fokus auf einer effektiven und effizienten Projektsteuerung dann empfehlen wir „Projektsupervision – Grundlagen – Durchführung – Erfolgsfaktoren"(Norbert Weiss). Beschäftigen Sie sich dagegen mit der Frage nach einer sinnvollen betrieblichen Ideenbewertungs-Methodik, dann sei auf „Der innerbetriebliche Prozess der Ideenbewertung – Voraussetzungen – Bewertungsmethoden – Ablauf"(Norbert Weiss) verwiesen. Vor dem Hintergrund dieser Veröffentlichungsreihe – zusammen mit dem vorliegenden Büchlein – haben Sie nach unserer Erfahrung alle wesentlichen betrieblichen Fragestellungen umfassend und praxisorientiert für KMU dargestellt. Jede Veröffentlichung kann für sich gelesen werden und ergibt im Zusammenhang ein – so hoffen wir – in sich stimmiges Gesamtbild für Geschäftsführer, leitende Führungskräfte, Nachwuchskräfte und persönlich Interessierte für den jeweiligen Arbeitsalltag.

Im Kapitel 2 haben wir das Eisenhower-Schema in Bezug auf Zeit- und Energiemanagement dargestellt. Dieses Schema eignet sich nun nach unserer Erfahrung auch für die Darstellung der unterschiedlichen Gesprächstypen, die wir in Kapitel 4 ausführlich beschrieben haben sowie die Einordnung der Veröffentlichungsreihe der beiden Verfasser.

Die Wirkung der Schwerpunktverlagerung einerseits des Zeit- und Energiemanagments und andererseits der Gesprächskultur auf die Quadranten I und II lassen sich sehr schön in der nachfolgenden Geschichte „ablesen":

Das Wunder des chinesischen Bambus[1]

Der chinesische Bambus wird nach der Vorbereitung des Bodens eingepflanzt und wächst in den ersten vier Jahren nur unter der Erde. Oben sieht man lediglich eine kleine Knolle mit einem zarten Trieb. Dann, im fünften Jahr, wächst der Bambus bis zu dreißig Meter hoch. Prinzipienorientierte Führungspersönlichkeiten werden die Bambusmetapher unschwer begreifen. Sie kennen den Wert der Arbeit in Quadrant II. Sie wissen, was es heißt, den Boden vorzubereiten, den Samen einzupflanzen, zu düngen, zu gießen und zu jäten, auch wenn sie keine unmittelbaren Ergebnisse erkennen. Sie haben das Vertrauen, dass ihnen der Herbst eine reiche Ernte bescheren wird. Die Kultur eines Unternehmens ist der einzige Wettbewerbsvorteil, der nicht kopiert werden kann. Eine mündige Kultur mit hohem Vertrauen ist immer ein Eigengewächs.

Diese Metapher verdeutlicht sehr schön die Aufgabe der KMU im Gesamtzusammenhang und im Besonderen in Bezug auf die Gesprächskultur.

Tabelle 2: Eisenhower-Schema (Grundlage)

EISENHOWER-SCHEMA	Dringend	Nicht dringend
Wichtig	I. Not-Wendigkeit • Projektsupervision • Planungs-Gespräch • Abstimmungs-Gespräch • Info-Gespräch • Entscheidungs-Sitzung • Gespräche zur Bearbeitung von Problemen & Entwickeln von Ideen • Bewertungsgespräch	II. Qualität • Visionsentwicklung • Entwicklung eines Leitbildes • Systematische Prozessoptimierung • Strategie-Besprechungen • Arbeit an den Unternehmenswerten & Unternehmensphilosophie • Intensive Gesprächsvorbereitung, um Qualität zu gewährleisten und um Alleinstellungsmerkmal zu entwickeln • Gespräche zur Beziehungspflege zwischen den Hierarchieebenen • Gespräche zur Förderung der Selbstverantwortung von Mitarbeitern • Kontaktmanagement im Sinne einer unternehmensspezifischen Art der Akquise • Zielvereinbarungs-Gespräch
Nicht wichtig	III. Täuschung • „Klassische Motz"-Gespräche" von Mitarbeitern, die sich beim Vorgesetzen „ausheulen" über andere Mitarbeiter	IV. Verschwendung • Keine

Quelle: Eigene Darstellung

Anmerkungen

Kapitel 1

1. Im Rahmen eines Zielvereinbarungs-Gesprächs werden individuelle Vereinbarungen im Hinblick auf Leistung und berufliche Entwicklung getroffen. In diesem Sinne greift hier § 82, II BetrVG: Anhörungs- und Erörterungsrecht des Arbeitnehmers: „(2) Der Arbeitnehmer kann verlangen, dass ihm die Berechnung und Zusammensetzung seines Arbeitsentgelts erläutert und dass mit ihm die Beurteilung seiner Leistungen sowie die Möglichkeiten seiner beruflichen Entwicklung im Betrieb erörtert werden. Er kann ein Mitglied des Betriebsrats hinzuziehen…."

2. Diese Gesprächstypen werden ausführlich beschrieben in den Publikationen des RKW-Verlags von Balbierz (2006) und Weiss (2006) über Ideenentwicklung und Ideenbewertung.

3. Projekt-Gespräche haben wir nicht in die Gesprächskultur-Systematik aufgenommen, weil sie nicht nur den Rahmen der Veröffentlichung sprengen würden, sondern auch aufgrund der besonders komplexen und spezifischen Vorgehensweise im Rahmen des Projektmanagements. Wir empfehlen für die Information über das (klassische) Projektmanagement die Veröffentlichung von *Kupper* (2001) und *Boy/Dudek/Kuschel* (2003). Wollen Sie sich über die Möglichkeit der motivorientierten Projektsteuerung durch Supervision informieren, dann eignet sich die Veröffentlichung von *Weiss* (2006a) über Projektsupervision des RKW-Verlages.

4. Siehe Weiss (2006b)

5. Siehe Balbierz (2006a).

Kapitel 2

1. Vgl. dazu *Kluge* (2002), S. 545.

2. Sprache und damit das Wort ist nach Friedrich Nietzsche nichts anderes als ein Symbol. Denken im Sinne von bewusstem Vorstellen ist nichts als Vergegenwärtigung durch Verknüpfung von Sprachsymbolen. Vgl. *Simm* (2001), S. 566. „Die Freiheit, etwas so oder anders zu bestimmen, ist nur durch Sprache möglich, sie zeigt sich als Freiheit der ´geäußerten Rede´. Mit seiner geäußerten Rede legt sich ein Bewußtsein, ein Denken, ein Subjekt gegenüber andern fest, gibt es sich gegenüber andern eine Ordnung, und zugleich bricht oder unterbricht es mit ihr andere, ihm vorgegebene oder angesonnene Ordnungen. *Lévinas* versteht die Rede von Anfang an als Kommunikation von Getrennten." *Stegmaier* (2002), S. 81. Für *Martin Heidegger* ist Denken „eigentlich nichts anderes als das Vor-stellen und Zu-stellen des Horizonts, d.h. des Gesichtskreises, in dem das Aussehen und das Wesen der Gegenstände, Platon nennt es die Idea der Dinge, zu Gesicht kommt." *Martin Heidegger* (1995), S. 91. „Die Struktur der Sprache ist narrativ. Sie besteht im Ausdruck von sinnvollen

Beziehungen zwischen Dingen und Begriffen. Die Notwendigkeit einer flexiblen Fähigkeit zur Problemlösung treibt auch die Evolution der Sprachstrukturen und der sprachlichen Fähigkeiten an." *Wheeler (2006)*, S. 287.

3. Nach *Alfred Adler* leiden wir Menschen (v.a. in den Industrienationen) an einem Übermaß an persönlichem Lebensstil und einem Mangel an „common sence". Vgl. *Adler (1994)*, S. 107.

4. Vgl. dazu *Kluge (2002)*, S. 514.

5. Mit Leisinger (1997) verstehen wir unter Unternehmenskultur „die Gesamtheit der in einem Unternehmen als gemeinsam empfundenen und als selbstverständlich angenommenen Werteorientierungen. Diese Werteorientierungen legen auch fest, welche Ziele für das Unternehmen erstrebenswert sind und auf welche Weise sie erreicht werden. Mit der Zeit werden diese Werteorientierungen internalisiert und nicht mehr hinterfragt."

„Unternehmenskulturen äußern sich in Form unternehmensspezifischer Verhaltensmuster, Zeremonien und sprachlichen Besonderheiten, die den Mitgliedern eine Art ´kulturelle Identität´ und Differenzierung von der ´Außenwelt´ verschaffen. Obwohl kaum je generell faßbar oder mehr als diffus beschreibbar, werden Abweichungen von der Norm der Unternehmenskultur negativ sanktioniert."

„Eine ´offene Moral´ orientiert sich nicht an der Innenwirklichkeit einer Institution, sondern an der Gemeinwohlverträglichkeit menschlichen Handelns." „Eine Unternehmenskultur, die eine offene Moral fördert, erwartet von den Mitgliedern ethisch verantwortetes ´Handeln´, bei dem zur Not auch Normen des Systems kritisch in Frage gestellt werden." *Leisinger (1997)*, S. 52f.

6. Vgl. zu diesem Gedankengang *Schlote (2002)*, S. 15.

7. Das Wort „Zeit" ist das meistgebrauchte Substantiv in der deutschen Sprache und überraschender Weise ist die telefonische Zeitansage die am häufigsten in Deutschland gewählte Telefonnummer. „Nur eine bewusste Entscheidung für das Wichtige verhindert eine unbewusste Entscheidung für das Unwichtige." *Covey/Merrill/Merrill (2005)*, S. 29.

8. *Schlote (2002)*, S. 47.

9. „Was sich durchsetzte war eine lineare Zeitvorstellung. Das Handeln wurde auf Ziele in der Zukunft ausgerichtet. Wirtschaftliche Prozesse wurden zeitlich gemessen. Zeit bekam einen eigenen Wert, der in Geld ausgedrückt wurde. Das ist die Verbindung von Zeit und Geld. Fremdbestimmung der Zeit ist eine zentrale Erfahrung der Moderne. Das Messen von Arbeitszeit ist eines der wichtigsten Motive der Zeitmessung. Beschleunigung wird zu einer weiteren Zeitnorm. Beschleunigung komprimiert Übergänge, die zunehmend keine wirklichen Übergänge mehr sind: nämlich Zeit für die Anpassung von Menschen an Neues. Übergänge sind Prozesse und keine Termine." *Schlote (2002)*, S. 35-37.

10. Ludwig *Wittgenstein* hat immer wieder darauf hingewiesen, dass wir Menschen sehr häufig unfähig sind, die Begriffe, die wir gebrauchen, so klar zu umschreiben, dass beim Gesprächspartner ein ähnliches inneres Bild des Begriffes entsteht. Nach *Wittgenstein* liegt das weniger daran, dass wir die wirkliche Definition der Begriffe nicht wissen, als vielmehr daran, dass wir keine ein-eindeutige Definition haben. Darüber hinaus haben die Menschen den Wörtern, die sie verwenden die Bedeutung gegeben und wir geben ihnen Bedeutung

durch Erklärungen. Die Bedeutung der verwendeten Wörter entsteht durch den Gebrauch derselben in der Praxis. Unsere Bilder und unsere Ausdrucksweise wird von einem speziellen Fall abgeleitet und wird auf nahe und entfernt verwandte Sachverhalte angewendet, um damit auszudrücken, dass eigentlich überall das gleiche vorliegt. Genau dies macht die Verständigungsschwierigkeiten in Unternehmen aus. Vgl. *Wittgenstein* (1984). Nach *Norbert Elias* sendet die Uhr einer Gruppe von Menschen in Organisationen eine Botschaft. Man sieht gewissermaßen auf die Uhr und erfährt dabei, dass es jetzt die und die Zeit ist, und zwar nicht nur für mich als Individuum, sondern auch für alle anderen Gruppenmitglieder. Zeit ist damit ein Symbol für sozial erlernte Synthesen. Vgl. *Norbert Elias* (1988), S. XXIII und XXXIX.

11. Diese beiden Zeitaspekte „Zeit-Quantität" und „Zeit-Qualität" geht auf die griechische Mythologie von „Chronos" und „Kairos" zurück. Laut griechischer Mythologie entthronte Chronos seinen Vater Uranos im Himmel. Um demselben Schicksal zu entgehen, verschlang Chronos alle seine Kinder. Nur Zeus wurde durch eine List von seiner Mutter gerettet und besiegte seinen Vater. Vgl. dazu *Kerenyi* (2003). Chronos ist mithin das Alte und auch das Mysterium der Zeit. Die Zeit frisst alle ihre Kinder, alles verliert sich im Dunkel der Zeit, außer Zeus, der Repräsentant der Macht. Wer Macht über sich selbst gewinnt, gewinnt auch Macht über die Zeit. Der Schatz des Chronos liegt in den Erfahrungen. Wer jedoch (seine) Zeit nicht nützt, wer nicht mit der Zeit lernt und reift, den beginnt Chronos zu verschlingen. Der passive, unbewusste Mensch wird somit von der Zeit „gefressen". Dem aktiven, bewussten Menschen begegnet Chronos in der Form des weisen Alten. Er verwandelt die Zeit in Erfahrung und in einen Weg zu sich selbst. Da der aktive Mensch den Problemen aktiv entgegentritt, empfindet er keinen Druck, sondern erlebt die Zeit subjektiv als notwendigen Faktor für die individuelle Reife und als eine permanent sich bietende Gelegenheit. An dieser Stelle kommt Kairos, als Enkel von Chronos ins Spiel. Kairos galt als Gott des rechten Augenblicks und der günstigen Gelegenheit. In der bildlichen Darstellung erschien Kairos als junger Mann mit Flügeln an den Füßen, denn die Gelegenheit ist schnell verpasst. Kahl am Nacken wird er dargestellt, doch mit einem Haarschopf an der Stirn, denn die Gelegenheit will beim Schopf gepackt werden. Darüber hinaus hat er eine Waage in der einen Hand, um die Zeit zu wägen, sowie ein scharfes Messer in der anderen Hand, um die unnützen Bindungen zu zerschneiden, die uns an die Vergangenheit binden, und uns daran hindern, uns unserer Zukunft zu öffnen. Vgl. *Kerenyi* (2003). Um die richtige Gelegenheit beim Schopf packen zu können, muss jedes Individuum sich darüber im klaren sein, wohin es will. Chronos und Kairos stehen für die zwei Gesichter der Zeit: die Quantität und die Qualität, die machtvolle Vergangenheit und die flüchtige Gegenwart.

„Es ist sinnlos, sein Glück in einer alles umfassenden Kontrolle zu suchen. Wir kontrollieren zwar unsere Handlungsentscheidungen, aber die Folgen unserer Entscheidungen werden von allgemeingültigen Gesetzen bestimmt. Nicht wir kontrollieren unser Leben, sondern Prinzipien. Lebensqualität erreicht man nicht durch die richtige Abkürzung. Es gibt keine Abkürzung, nur einen Weg. Dieser Weg beruht auf altehrwürdigen Prinzipien der Menschheitsgeschichte, aus denen unmissverständlich hervorgeht, dass ein sinnvolles Leben keine Frage der Schnelligkeit und Effizienz ist. Entscheidend ist nicht, wie schnell man etwas macht, sondern was man macht und warum man es macht." *Covey/Merrill/Merrill* (2005), S. 10. „Das Ringen um ein am Wesentlichen orientiertes Leben lässt sich am Gegensatz zwischen zwei für unsere Realität bedeutsamen Instrumenten veranschaulichen: der Uhr und dem Kompass." *Covey/Merrill/Merrill* (2005), S. 17. „Das Zeitmanagement ignoriert im Grunde den Umstand, dass wir die meiste Zeit mit anderen Menschen zusammenleben und -arbeiten, die wir nicht kontrollieren können. Effizienz mag bei Dingen angebracht sein. Bei Menschen jedoch darf man sich von ihr keine Effektivität erwarten. Zeitmanagement geht von einer Managementperspektive aus, nicht von einer Führungsperspektive. Management innerhalb eines Paradigmas. Führung schafft neue Paradigmen. Dingen werden „gemanagt", Menschen geführt. Höchste Priorität erhalten die wichtigen Dinge im Leben eines Menschen nur dann, wenn er Führung vor Management setzt: „Mache ich das Richtige?" vor „Mache ich die Dinge richtig? Probleme entstehen, wenn Dringlichkeit zum beherrschenden Faktor in unserem Leben wird. Dann nämlich erkennen wir „wichtige Dinge" nur noch in dringenden Dingen. Wird sind so sehr in unsere Tätigkeiten verstrickt, dass wir gar nicht mehr darüber nachdenken, ob sie wirklich nötig sind. Dadurch verschlimmern wir die Diskrepanz zwischen Kompass und Uhr." *Covey/ Merrill/Merrill* (2005), S. 23-33.

12. Vgl. *Schlote* (2002), S. 21. Häufig werden Eindrücke und Informationen auch in Besprechungen nur noch konfettiartig von den betroffenen Beteiligten aufgenommen. Die Sinne werden tendenziell immer stärker überreizt. Daraus folgt eine innere Unruhe und häufig auch chronischer Stress. Die Reizüberflutung ist die Folge einer sehr starken Zeitverdichtung durch viel mehr Eindrücke zur gleichen Zeit.

13. *Wheeler* (2006), S. 82.

14. Vgl. zu diesem Gedankengang *Rosenberg* (2004), S. 45 und 67.

15. Vgl. dazu *De Shazer* (1995). Dennoch sind die meisten Menschen nach *David Hume* naturgemäß geneigt, „affirmative und dogmatische Meinungen zu vertreten, und da sie die Gegenstände nur einseitig sehen und keine Vorstellung eines Argumentes der Gegenseite haben, überantworten sie sich Hals über Kopf ihnen zusagende Prinzipien. Sie haben auch keinerlei Nachsicht mit jenen, die entgegengesetzte Meinungen vertreten." *Hume* (1982), S. 202.

16. Vgl. *Baecker* (2005), S. 26. „Das Kennzeichen einer Organisation ist demnach nicht die Frage, wie bestimmte Zwecke erreicht und bestimmte Aufgaben gelöst werden, sondern, eine Stufe höher, wie Einigungen darüber erzielt werden, welche Zwecke wie erreicht und welche Aufgaben wie gelöst werden sollen. Die Organisation ist darauf angewiesen, dass eindeutig erkennbar ist, wer ein Mitglied der Organisation ist und wer nicht. Das ist die erste Kommunikation, die nur als Entscheidung ausgelegt werden kann und die die Möglichkeit anderer Entscheidungen nach sich zieht." *Baecker* (2003), S. 29f.

17. Nach *Georg W.F. Hegel* ist der Mensch seiner Natur nach nach außen gerichtet. Reflexion bedeutet nach Hegel eine Wendung des Menschen nach innen, wodurch der Mensch mittels dieser Wendung nach innen sich selbst zum Gegenstand wird. Vgl. *Althaus* (1992), S. 296.

18. Vgl. *Baecker* (2003), S. 159 und *Bateson* (1981), S. 408 sowie *Baecker* (1999), S. 39.

19. Vgl. *Simon* (1998), S. 25f.

20. *Hume* (1982), S. 116.

21. Vgl. *Servan-Schreiber* (2004), S. 197. Die apokalyptischen Reiter der Kommunkation sind nach David Servan-Schreiber 1. Kritik: Man kritisiert, statt einen Wunsch zu formulieren; 2. Verachtung: subtile, unterschwellige Angriffe; Gegenangriff: Ein Sieg verletzt emotional den Unterlegenen. Vgl. *Servan-Schreiber* (2004), S. 222.

22. Vgl. *Taylor* (1996), S. 879 und *Taylor* (1997), S. 41-57. „Das Problem ist nicht das Gewissen. Es geht nicht um die Frage, wie man handeln soll, sondern welches Handeln man eigentlich will. Es geht nicht darum, was man wollen soll, sondern was man wollen will. Wie kann man herausfinden, was man eigentlich will? Man wird es erst wissen, wenn man gehandelt hat. Man muß sich entscheiden und handeln, um zu wissen, wer man ist. Es gibt kein Wissen um die eigene Identität, das einem Handeln vorausgeht. Was ich bin, weiß ich nicht vorher, sondern erst, wenn ich gehandelt habe." *Safranski* (2004), S. 156. Mit *Ludwig Feuerbach* können wir sogar sagen: „Ich denke, also bin ich alle Menschen." Zitiert nach *Winiger* (2004), S. 67. Nach Paul Watzlawick sind wir Menschen in Kommunikation eingesponnen, denn selbst unser Ich-Bewusstsein hängt von Kommunikation ab. Vgl. *Watzlawick/Beavin/Jackson* (1985), S. 37.

23. Diese Gedankengänge gehen auf *Georg W.F. Hegel* zurück und finden sich in *Cohen* (2001), S. 94-100. *G.W.F. Hegel*: „Das Handeln ist eben das Werden des Geistes als Bewußtsein. Was es an sich ist, weiß es also aus seiner Wirklichkeit. Das Individuum kann daher nicht wissen, was es ist, ehe es sich durch das Tun zur Wirklichkeit gebracht hat. Man lernt sich nicht kennen, ohne zu vergegenständlichen – d.h., ohne sich selbst zum Gegenstand der Erkenntnis zu machen." Zitiert nach *Cohen* (2001), S. 134.

24. Vgl. dazu Bilgri/Stadler (2006), S. 71-101.

25. „Wer einem anderen keine Orientierung über Auffassungen, Werte, Haltungen gibt, braucht sich nicht zu wundern, wenn sich der Suchende von ihm abwendet." *Kirchner* (1999), S. 66.

26. Bilgri/Stadler (2006), S. 187. Nach *Edward de Bono* prüfen wir Menschen unsere Werte nicht häufig genug, weil Werte an sich vage sind. Werte sind wichtig, gleichzeitig ist es aber schwierig, sich auf diese zu fokussieren und deswegen genießen sie häufig nicht die notwendige Aufmerksamkeit. Vgl. *De Bono* (2004), S. 24. „Die Auseinandersetzung innerhalb des kommunikativen Netzwerks findet vornehmlich in Begriffen statt, die dafür verantwortlich sind, eine von allen gemeinsam geteilte Wirklichkeit zu beschreiben, bzw. überhaupt erst den Sinn zu stiften, der diese Wirklichkeit sichtbar macht. Darum legen Unternehmen, die sich in diesem Sinne auf eine neue „Unternehmenskultur" einlassen, so hohen Wert auf Werte. Auf Werte kann man sich berufen, auch wenn die Situationen wechseln. Und Situationen wechseln immer hinreichend stark, um die Werte niemals wörtlich nehmen zu müssen. So schaffen Werte Orientierung, ohne das tatsächliche Verhalten festlegen zu können." *Baecker* (1999), S. 119f.

27. Vgl. *De Saint-Exupéry* (2006), S. 18.

Kapitel 4

1 Von dialogischer Haltung sprechen wird dann, wenn es den Beteiligten gelingt, ihre hierarchischen Rollen- bzw. Gesprächsmuster zu verlassen. Hierbei sind beide gleichermaßen gefordert, der Vorgesetzte muss seine Führungsrolle, der Mitarbeiter seine untergeordnete Rolle verlassen, um eine tragfähige Vertrauensbasis zu entwickeln.

2 Wir wollen in der vorliegenden Veröffentlichung die einzelnen Methoden nur kurz umreißen.

Eine ausführliche Unterscheidung von Problemen bezüglich ihrer Komplexität finden Sie in: Balbierz (2006a).

3 Ebenda sind auch die Methoden „KVP-Zirkel" und „Problemlöse-Workshop" en detail dargestellt. Während der KVP-Zirkel eine Problemlösemethode für lokale, wenig komplexe Probleme und einfache Schnittstellenprobleme ist, bietet sich der Problemlöse-Workshop bei komplexeren Schnittstellenproblemen (sog. Mehrfachproblemen) an. Diese sind dadurch charakterisiert, dass es sehr viele miteinander verwobene Problemfacetten gibt, und man das Problem als solches nicht greifen kann.

4 Prozess-Workshops werden in der Praxis immer dann eingesetzt, wenn man mit dem Resultat einer Kette aufeinander folgender Handlungen (Prozess) nicht zufrieden ist. Der Prozess ist zu wenig stabil, unwirtschaftlich oder zu langsam. Weiterführende Ausführungen zum Thema Komplexität und die Beschreibung eines „Prozess-Workshops" finden Sie in: Weiss (2006b).

5 Beispiele über die Anwendung von „Ideen-Zirkeln" finden Sie in: Balbierz (2006).

6 Siehe Deweys Modell des vollständigen Denkaktes: ein fünf-stufiger Weg zur Lösung von Problemen. Der Problemlöseprozess beginnt mit einer geeigneten Problemformulierung. Diese dient einerseits dazu Klarheit zu schaffen, was zum Problem gehört und was nicht. Andererseits wird mit der Eingrenzung des Problems dessen Komplexität reduziert, was das Problem als solches erst bearbeitbar werden lässt. In der zweiten Stufe steht die Zielformulierung im Vordergrund, die dritte Stufe beschäftigt sich mit der Analyse der Problemursachen. Im vierten Schritt geht es darum Maßnahmen zur Beseitigung der Problemursachen festzulegen. Der fünfte Schritt schließt den vollständigen Denkakt ab mit einer Reflexion: „Sind die vereinbarten Maßnahmen wirklich geeignet, die Aufgabe zu lösen?", „Können wir unsere Ziele damit erreichen?" und „Wie ist der Problemlöseprozess abgelaufen?" Das Modell des vollständigen Denkaktes lässt sich ebenso auf die Entwicklung von Ideen übertragen. Nach der Formulierung und Abgrenzung der Aufgaben, geht es in der zweiten Stufe darum, Ziele respektive Prämissen zu definieren. In der dritten Stufe werden Ideen entwickelt, analysiert und bewertet. Im vierten Schritt werden Aufgaben festgelegt, wie die Ideen realisiert werden können und der fünfte und letzte Schritt dient wieder dazu, den Prozess reflexiv zu überprüfen.

Kapitel 5

1. Die Darstellung dieser Metapher für den Unternehmensführungsbereich haben wir *Covey/Merrill/Merrill* (2005), S. 240f entnommen.

Literaturempfehlungen

Adler, Alfred:	Lebensprobleme. Vorträge und Aufsätze; Frankfurt/M. 1994
Althaus, Horst:	Hegel und die heroischen Jahre der Philosophie. Eine Biographie; München 1992
Baecker, Dirk (Hrsg.):	Schlüsselwerke der Systemtheorie; Wiesbaden 2005
Baecker, Dirk:	Organisation und Management; Frankfurt/M. 2003
Baecker, Dirk:	Organisation als System; Frankfurt/M. 1999
Balbierz, Silke:	Ideen entwickeln, sammeln, bewerten. Mit dem Ideen-Zirkel zu neuen Produkten; Eschborn 2006
Balbierz, Silke:	Probleme wahrnehmen, annehmen und bearbeiten; Eschborn 2006
Balbierz, S, Hoffmann,Th.	Personalentwicklung in kleinen Unternehmen, Eschborn, 2000
Balbierz, S./Weiss, N.:	Kontaktmanagement. Die etwas andere Art zu akquirieren; Eschborn 2006
Bateson, Gregory:	Ökologie des Geistes. Anthropologische, psychologische, biologische und epistemologische Perspektiven; Frankfurt/M. 1981
Bilgri, A./Stadler, K.:	Finde das rechte Maß. Benediktinische Ordensregeln für Arbeit und Leben heute; München 2006
Boy/Dudek/Kuschel:	Projektmanagement. Grundlagen – Methoden und Techniken – Zusammenhänge; 11. Aufl.; Offenbach 2003
Capra, Fritjof:	Verborgene Zusammenhänge. Vernetzt denken und handeln – in Wirtschaft, Politik, Wissenschaft und Gesellschaft; München 2002

Cohen, Gerald A.: Gleichheit ohne Gleichgültigkeit. Politische Philosophien und individuelles Verhalten; Hamburg 2001

Covey/Merrill/Merrill: Der Weg zum Wesentlichen. Zeitmanagement der vierten Generation; Frankfurt/M. 2005

De Bono, Eduard: Bewerten Beurteilen Entscheiden. Wie Sie Ideen, Projekte und Strategien besser einschätzen können; Frankfurt/Wien 2004

De Saint-Exupéry, Antoine: Lichtgrüße vor der eigentlichen Nacht; herausgegeben von Jost Perfahl; München 2006

De Shazer, Steve: Der Dreh. Überraschende Wendungen und Lösungen in der Kurzzeittherapie; 4. Aufl.; Heidelberg 1995

Dewey, J. Wie wir denken: Eine Untersuchung über die Beziehung des reflexiven Denkens zum Prozess der Erziehung. Zürich, 1951

Elias, Norbert: Über die Zeit. Arbeiten zur Wissensoziologie II; herausgegeben von Michael Schröter; Frankfurt/M. 1988

Heidegger, Martin: Feldweg-Gespräche (1944/45). Gesamtausgabe Bd. 77; Frankfurt/M. 1995

Hume, David: Eine Untersuchung über den menschlichen Verstand. Übersetzt und herausgegeben von Herbert Herring; Stuttgart 1982

Kerenyi, Karl: Die Mythologie der Griechen. Die Götter- und Menschheitsgeschichten; München 2003

Kirchner, Baldur: Benedikt für Manager. Die geistigen Grundlagen des Führens; Wiesbaden 1999

Kluge, Friedrich: Etymologisches Wörterbuch der deutschen Sprache; 24. Aufl., Berlin 2002

Kupper, Hubert: Die Kunst der Projektsteuerung. Qualifikationen und Aufgaben des Projektleiters; 9. Aufl.; München 2001

Leisinger, Klaus:	Unternehmensethik. Globale Verantwortung und modernes Management; München 1997
Lipp, U.; Will, H.	Das große Workshop-Buch (4. Aufl.) Weinheim und Basel, 2000
Rosenberg, Marshall B.:	Gewaltfreie Kommunikation. Eine Sprache des Lebens. Gestalten Sie Ihr Leben, Ihre Beziehungen und Ihre Welt in Übereinstimmung mit Ihren Werten; 5. überarbeitete Auflage; Paderborn 2004
Safranski, Rüdiger:	Friedrich Schiller oder Die Erfindung des Deutschen Idealismus; München 2004
Schlote, Axel:	Du liebe Zeit! Erfolgreich mit Zeit umgehen; Weinheim 2002
Servan-Schreiber, David:	Die neue Medizin der Emotionen. Stress Angst Depression. Gesund werden ohne Medikamente; München 2004
Simm, Hans-Joachim (Hrsg.):	Formel meines Glücks. Aus Friedrich Nietzsches Werken; Frankfurt/M. 2001
Simon, Fritz B. (Hrsg.):	Lebende Systeme. Wirklichkeitskonstruktionen in der systemischen Therapie; 2. Aufl.; Frankfurt/M. 1998
Stegmaier, Werner:	Lévinas; Freiburg i. Br. 2002
Taylor, Charles:	Quellen des Selbst. Die Entstehung der neuzeitlichen Identität; Frankfurt/M. 1996
Taylor, Charles:	Das Unbehagen der Moderne; 3. Aufl.; Frankfurt/M. 1997
Watzlawick/Beavin/ Jackson:	Menschliche Kommunikation. Formen Störungen Paradoxien; 7. unveränderte Aufl.; Bern 1985
Weiss, Norbert:	Projektsupervision. Grundlagen – Durchführung – Erfolgsfaktoren; Eschborn 2006 (2006a)

Weiss, Norbert:	Der innerbetriebliche Prozess der Ideenbewertung. Voraussetzungen – Bewertungsmethoden – Ablauf; Eschborn 2006
Weiss, Norbert:	Systematische Prozessoptimierung; Eschborn 2006 (2006b)
Wheeler, Gordon:	Jenseits des Individualismus. Für ein neues Verständnis von Selbst, Beziehung und Erfahrung; Wuppertal 2006
Winiger, Josef:	Ludwig Feuerbach. Denker der Menschlichkeit; Berlin 2004
Wittgenstein, Ludwig:	Das Blaue Buch. Eine philosophische Betrachtung (Das Braune Buch); Werkausgabe Band 5; Frankfurt/M. 1984

Arbeitsgesetzte, München 1991; 42. Auflage

Zu den Autoren

Silke Balbierz, Dipl. Kauffrau

Langjährige Beratungserfahrung in Industrie-, Handels- und Dienstleistungsunternehmen, insbesondere in kleinen und mittleren Unternehmen, aber auch in Großunternehmen. Geschäftsführerin der komzept Beratungsgesellschaft in Bad Tölz.

Umfangreiche Erfahrung in folgenden Arbeits- und Beratungsbereichen: Gruppenarbeit, KVP, Personalentwicklung, Potentialanalyse, Kreativitätstechniken, Moderation von Workshops, Moderatorentrainings, Gesprächsführung, Mediation.

silke.balbierz@komzept.com

Dr. Norbert Weiss, Dipl.-Volkswirt

Langjährige Beratungserfahrung in Industrie-, Handels- und Dienstleistungsunternehmen, insbesondere in kleinen und mittleren Unternehmen, aber auch in Großunternehmen.

Geschäftsführer der symbio Beratungsgesellschaft und geschäftsführender Gesellschafter der symbio EWIV – Organisationen & Persönlichkeiten. Umfangreiche Erfahrung in folgenden Arbeits- und Beratungsbereichen: Motivorientierte Akquisition, KVP, Konfliktmanagement & Mediation, Coaching von Führungskräften, Supervision, systemische Organisations- und Personalentwicklung, Wirtschaftsphilosophie.

norbert.weiss@symbio-ewiv.de

Silke Balbierz
Ideen entwickeln, sammeln, bewerten
Mit dem Ideen-Zirkel zu neuen Produkten
2006, 48 Seiten, RKW-Nr. 1510, ISBN 3-89644-257-0

Silke Balbierz/Norbert Weiss
Kontaktmanagement
Die etwas andere Art zu akquirieren
2006, 48 Seiten, RKW-Nr. 1513, ISBN 3-89644-260-0

Norbert Weiss
Projektsupervision
Grundlagen – Durchführung – Erfolgsfaktoren
2006, 60 Seiten, RKW-Nr. 1516, ISBN 3-89644-263-5

Norbert Weiss
Der innerbetriebliche Prozess der Ideenbewertung
Voraussetzungen – Bewertungsmethoden – Ablauf
2006, 48 Seiten, RKW-Nr. 1514, ISBN 3-89644-261-9

Silke Balbierz
Probleme wahrnehmen, annehmen und bearbeiten
Problemlösungsmethoden: Grundelemente – Der KVP-Zirkel – Der Problemlöse-Workshop
2006, 44 Seiten, RKW-Nr. 1517, ISBN 3-89644-264-3

Norbert Weiss
Systematische Prozessoptimierung
Begriffe – Motive – Werteorientierung
2006, 60 Seiten, RKW-Nr. 15128, ISBN 3-89644-265-1

RKW-Verlag, Düsseldorfer Straße 40, 65760 Eschborn
Tel.: 06196/495-3821, Fax: 06196/495-4401,
E-Mail: v@rkw.de, www.rkw.de

Printed by Libri Plureos GmbH
in Hamburg, Germany